CLARENDON FRENCH SERIES

under the general editorship of W. D. HOWARTH
Professor of Classical French Literature
University of Bristol

———

CLARENDON FRENCH SERIES

General Editor: W. D. HOWARTH

———

MOLIÈRE
LE MALADE IMAGINAIRE

Brisart d.   Sauué f.

LE MALADE IMAGINAIRE

MOLIÈRE

LE MALADE IMAGINAIRE

EDITED WITH INTRODUCTION

AND NOTES BY

PETER H. NURSE M.A., D.LITT.

READER IN FRENCH AT THE
UNIVERSITY OF KENT AT CANTERBURY

OXFORD UNIVERSITY PRESS

Oxford University Press, Walton Street, Oxford OX2 6DP
OXFORD LONDON GLASGOW
NEW YORK TORONTO MELBOURNE WELLINGTON
IBADAN NAIROBI DAR ES SALAAM LUSAKA CAPE TOWN
KUALA LUMPUR SINGAPORE JAKARTA HONG KONG TOKYO
DELHI BOMBAY CALCUTTA MADRAS KARACHI

Introductory matter and notes © *Oxford University Press*, 1965

FIRST PUBLISHED 1965
REPRINTED (WITH CORRECTIONS) 1967,
1968, 1978

REPRODUCED PHOTOLITHO IN GREAT BRITAIN
BY J W ARROWSMITH LTD, BRISTOL

CONTENTS

LE
MALADE
IMAGINAIRE,
COMÉDIE
MESLE'E DE MUSIQUE
ET
DE DANSES.

Par Monsieur de MOLIERE.

Corrigée sur l'original de l'Autheur , de
toutes les fausses additions & suppositions
de Scenes entieres , faites dans les
Editions precedentes.

Représentée pour la premiere fois, sur le
Theatre de la Salle du Palais Royal,
le dixiéme Février 1673.
Par la Trouppe du R o y.

L ij

The title-page of *Le Malade imaginaire* (1682)

INTRODUCTION

1. The Genesis of 'Le Malade imaginaire'

When *Le Malade imaginaire* opened in Molière's Parisian theatre, the Palais-Royal, on 10 February 1673, it created a precedent: all of the poet's previous *comédies-ballets* had had their first performance before a private gathering of Louis XIV and his Court. The first of these works, with their original combination of comedy, song and dance, was *Les Fâcheux*, written specially for the entertainment offered to the King by his ill-starred *surintendant des finances*, Fouquet, at Vaux in 1661. Following this, all twelve[1] of the succeeding *comédies-ballets*, with the exception of *Le Malade imaginaire*, were initially staged as part of different royal *divertissements*, in castles and palaces such as Versailles, Saint-Germain-en-Laye, Chambord, wherever the Court happened to be in residence.

On 1 August 1672, Louis XIV had returned to Saint-Germain from the military campaign against the Dutch and normally Molière would have been called upon, as leader of the *Troupe du Roi*, to supply the King's demand for fresh entertainment. In fact, the Prologue to *Le Malade imaginaire* clearly indicates that this was the play which the poet had originally composed for the occasion.[2] In the event, however, Molière found himself the victim of a conspiracy to oust him from his position of privilege: the Florentine composer, Lully, who had collaborated with

---

[1] There are thirteen *comédies-ballets*, if one includes *George Dandin* and *Mélicerte*, both of which were originally designed to fit into a framework of ballet numbers. In the case of *George Dandin*, for instance, the play was immediately followed by a *ballet pastoral*, in which the peasant was led off to witness a bacchanalia and invited to drown his sorrows in wine, rather than drown himself.

[2] 'Ce prologue est un essai de louanges de ce grand prince, qui donne entrée à la comédie du *Malade imaginaire*, dont le projet a été fait pour le délasser de ses nobles travaux.'

Molière regularly since 1664, writing the music for at least ten
of his plays, secured from the King in 1672 the monopoly of
virtually all entertainments that included singing, as well as the
sole publication rights to all works to which he had contributed.[1]
This breach of faith inevitably led to a rupture of relations
between the two men, and Molière was forced to turn to another
composer, Charpentier, for his music; but, at the same time, he
also in practice condemned his play to be excluded from performance at Court, where Lully's authority was now supreme.

It was therefore an accident of circumstance that prevented
Le Malade imaginaire from reaching the Court audience for
which it was originally intended, and it was the tastes of this
audience which essentially dictated the *genre* chosen by Molière
in which to cast his last play. The ascendancy achieved by Lully
in the royal favour reflects the increasing popularity of musical
spectacles in the sophisticated French society of the seventeenth
century. Molière himself echoes this fact in *La Princesse d'Élide*
and suggests that it is connected with the ever-rising status of
women: 'La plupart des femmes aujourd'hui se laissent prendre
par les oreilles; elles sont cause que tout le monde se mêle de
musique . . .'[2] Yet what counted most, no doubt, was the
enthusiasm of the monarch. Contemporary historians pay tribute
to his talents both as an instrumentalist (notably on the guitar)
and as a dancer. In 1663, for instance, he danced in the *Ballet des
Arts* and *La Noce du Village*, and when Molière's *Le Mariage
forcé* was put on in the following year, Louis took part in the
rôle of an Egyptian. To mark his approval in more concrete
fashion, he instituted two official measures to further the arts of
singing and dancing: in 1664, the Académie de Danse was
founded, and in 1669, Pierre Perrin received letters patent,

---

[1] Lully's monopoly was reinforced by a decree of 14 April 1672, which forbade
all other theatrical troupes in Paris to use more than six singers and twelve
instrumentalists.

[2] Act II, second intermède, sc. II.

'donnant permission d'établir par tout le royaume des académies d'opéra, ou représentations en musique en langue française, sur le pied de celles d'Italie'. It was this latter initiative which led to the creation of the first French opera, *Pomone*, produced in Paris in March 1671.

The real antecedents for Molière's *comédies-ballets* are not to be found, however, in the Italianate opera as introduced by Perrin and developed into a significant, individual style by Lully. Rather, it is to the *ballet de cour* that one must look—a *genre* which had flourished in France since the sixteenth century. It consisted, principally, of a series of juxtaposed *tableaux* built upon set dance patterns, accompanied by verses, sung or spoken, which took the form of a commentary upon the subject of each *entrée*. What was most conspicuously absent in these *ballets de cour* was a truly dramatic subject. Mostly composed by aristocratic amateurs, they lacked a coherent theme and little effort was made to relate the theme and characters to the choreography, and it was here that Molière made his principal contribution, creating virtually a new art-form. It is in the Preface to his *Les Fâcheux*—the first of the *comédies-ballets*—that he explains how he came to create this original *genre*, which he proudly announces as a 'mélange qui est nouveau pour nos théâtres':

Il n'y a personne qui ne sache pour quelle réjouissance la pièce fut composée, et cette fête a fait un tel éclat, qu'il n'est pas nécessaire d'en parler; mais il ne sera pas hors de propos de dire deux paroles des ornements qu'on a mêlés avec la comédie.

Le dessein était de donner un ballet aussi; et comme il n'y avait qu'un petit nombre choisi de danseurs excellents, on fut contraint de séparer les entrées de ce ballet, et l'avis fut de les jeter dans les entr'actes de la comédie, afin que ces intervalles donnassent temps aux mêmes baladins de revenir sous d'autres habits: de sorte que, pour ne point rompre aussi le fil de la pièce par ces manières d'intermèdes, on s'avisa de les coudre au sujet du mieux que l'on put, et de ne faire qu'une seule chose du ballet et de la comédie.

The idea for the *comédie-ballet* thus came originally from a purely administrative contingency, but Molière immediately sensed its aesthetic possibilities, since he writes further in the same Preface: 'Comme tout le monde l'a trouvé agréable, il peut servir d'idée à d'autres choses qui pourraient être méditées avec plus de loisir.'

Henceforth, the ballet interludes, however tenuously linked with the plots of the comedy, derive a new dramatic impulse. Sometimes they are made to advance the action: for instance, the *ballet pastoral* of *La Comtesse d'Escarbagnas* serves to provide the *dénouement*, an idea that is followed up in the burlesque ceremonies that conclude both *Le Bourgeois gentilhomme* and *Le Malade imaginaire*; sometimes they merely suspend the main action, as at the end of Act I of *Le Malade imaginaire*. But the essential progress made is that the ballet has taken on a fresh character, in which pantomime dictates the movements.[1] It is significant, in this respect, that Molière chose to introduce the stock 'mask' of the Italian *commedia dell'arte*, Polichinelle— *senex amorosus*—as the protagonist of the first *intermède* of *Le Malade imaginaire*. With his ludicrous erotic fantasies, he is as much an *imaginaire* as Argan, and is compounded of the same blend of bluster and self-pity.

If Molière's rôle as court entertainer was primarily responsible for the choice of *comédie-ballet* as the formal framework of *Le Malade imaginaire*, the play's subject-matter—medicine and hypochondria—was probably suggested by a more complex set

---

[1] Molière offers us a definition of this pantomime in *Les Amants magnifiques*, where Cléonice remarks to her mistress, Ériphile: 'Ne voudriez-vous pas, Madame, voir un petit essai de la disposition de ces gens admirables qui veulent se donner à vous? Ce sont des personnes qui, par leurs pas, leurs gestes et leurs mouvements expriment aux yeux toutes choses; et on appelle cela pantomime.' This illustrates well how Molière instinctively seeks to dramatize character ('disposition') in the movements of his ballet figures. As such, they are poles apart from the allegorical abstractions of most conventional *ballets de cour*.

of factors. It is possible, nevertheless, that here, as with *Le Bourgeois gentilhomme*, the main ballet, based on an initiation ceremony, was the real *raison d'être* of the original inspiration. Both plays have the most conventional of intrigues, and in the case of *Le Bourgeois gentilhomme* it is generally accepted that the *cérémonie turque*—proposed as the basis of a *divertissement* by Louis XIV himself—was, at the time, the principal feature of the comedy.[1] The choice, in the 1673 play, of a hypochondriac as the comic protagonist whose opposition to his daughter's love-affair is finally overcome by having the suitor or, preferably, the hypochondriac himself, enrolled as a doctor, offered a ready-made ceremony, suitable for ballet treatment; given the elaborate ritual of medical degree-givings, which in at least one eminent Faculty even included musical interludes,[2] Molière's imagination needed to invent relatively little.

However, notwithstanding the precise *genre* adopted for his different works, Molière consistently put into practice the views on the nature of comedy which he had first expounded in detail in the two short plays—*La Critique de l'École des femmes* and *L'Impromptu de Versailles*—written in 1663 during the polemical aftermath of *L'École des femmes*. It is here that he affirms his conception of comedy as essentially concerned with the satirical exposure of human faults as manifested in the society of his time: the claim of comedy to be treated as a serious art-form, worthy to rank with tragedy, is justified, he says, so long as it concerns

[1] Cf. Antoine Adam: *Histoire de la Littérature française au XVIIe siècle*, t. III, p. 379, where the author says of *Le Bourgeois gentilhomme*: 'Simple comédie-ballet, écrite en collaboration avec Lully, sur la plus mince, la plus inconsistante des intrigues. En fait, la comédie n'existe ici que pour aboutir à la cérémonie turque qui la termine.'

[2] Cf. Maurice Raynaud: *Les Médecins au temps de Molière*, 2nd ed., 1866, pp. 57–58: 'Tel qu'il est, ce morceau doit être considéré comme un abrégé, non-seulement des cérémonies du doctorat, mais de toutes celles par où devait passer un candidat, depuis le commencement de ses études jusqu'au jour où il recevait le bonnet.' Fuller details of the historical basis to the ceremony will be found in the Notes to the text.

itself primarily with the realities of human nature in the context of important moral issues. In his own words, the comic dramatist must 'entrer comme il faut dans le ridicule des hommes', since 'l'affaire de la comédie est de représenter en général tous les défauts des hommes, et principalement des hommes de notre siècle'.

Molière's conception of the playwright's duty to root his comic entertainment in serious social and moral issues is illustrated particularly well in the case of *Le Malade imaginaire*, since there is strong evidence to suggest that the original idea for the play came to him as a result of the situation arising from the 'Paix de l'Église'. This was an agreement, reached between Louis XIV and the Pope in early 1669, which amounted to a truce in the hostilities between the different religious groups in France, notably the Jesuits and Jansenists. It proved, however, to be a very uneasy truce, and in 1671 there was a move made by certain leading members of the Paris Faculty of Theology, including the Dean, Claude Morel, and the *syndic*, Denis Guyard, to revive a decree of the Parlement, originally published in 1624, which forbade anyone, on pain of death, to 'tenir ni enseigner aucunes maximes contre les Auteurs anciens et approuvés par les Docteurs de la Faculté de Théologie'. This was, in fact, a disguised attempt to bolster the authority of Aristotelian scholasticism which was the only officially permitted philosophy, but which was increasingly the object of attack as new scientific ideas spread and seemed to undermine the very basis of its doctrines.[1] Already in the late fifteenth and early sixteenth centuries the

---

[1] It was in about 1260 that St. Thomas began his monumental task of redefining Christian orthodoxy, by reconciling the work of Aristotle with the authority of the Bible. The resulting Scholastic doctrines were still the only officially recognized ones in the seventeenth century, as was pointed out by La Mothe le Vayer in 1642:

Depuis qu'Albert le Grand et Saint Thomas principalement se furent donné la peine d'expliquer, autant qu'il leur fut possible, tous les Mystères de notre Religion avec les termes de la Philosophie Péripatétique, nous voyons qu'elle s'est tellement établie partout, qu'on n'en lit plus d'autre par toutes les Universités Chrétiennes (quoted by R. Pintard: *Le Libertinage érudit dans la première moitié du XVIIe siècle*, 1943, I, p. 40).

voyages of discoverers such as Magellan, who revealed the existence of the Antipodes, showed the falsity of the scholastic teaching that the Earth was flat and inhabited on only one side. Its precise anthropology was completely upset by the accounts of travellers who testified to an undreamed-of variety of races and customs, while the theories of Copernicus contested the Ptolemaic system and its view that the Earth was static in the centre of a universe which revolved around it.

In spite of all this, the Council of Trent had re-affirmed in 1563 the full authority of St. Thomas's *Summa* and prescribed a return to thirteenth-century theology, thereby setting the pattern for the Church's attitude to all attempts, throughout the seventeenth century, to revise the scientific picture of the world. Thus, the Parlement's decree of 1624 was passed in response to an initiative of the Sorbonne, at the very moment when a major assault was being mounted against Aristotelianism, for it was in this same year that the philosopher Gassendi published the first volume of his *Exercitationes paradoxicae adversus Aristoteleos*. Equally typical of the official resistance to all new ideas was the hostility encountered by Descartes: long after its author's death in 1650, Cartesian philosophy was strenuously fought in the main citadels of French learning where the Church's influence was predominant.

It is largely this reactionary alliance of Counter-Reformation forces in Church and State which explains the incidents of 1671 which were to involve Molière. When Morel and Guyard sought the renewal of the 1624 decree, their aim was to strike a double blow against the enemies of the old established order: the target was at once the Cartesians and Gassendists, with their revolutionary modern scientific theories, as well as the dissident members of the Jansenist community centred on Port-Royal, who were virtually all enthusiastic disciples of Descartes.[1]

[1] Of the Port-Royal group, it was only Pascal who voiced opposition to Descartes, whereas the other leading figures, such as Nicole and the formidable

The 'Paix de l'Église' had temporarily made it impossible for the Jesuits and their allies to pursue their campaign against the theological position of the Jansenists, but by transferring the debate to the scientific field, the same ultimate objective was intended.

The immediate effect of this re-opening of hostilities was to inspire a project to combat the forces of reaction by ridiculing them publicly: François Bernier, an eminent physician and disciple of Gassendi, and Boileau, the satirical poet, who was himself an enthusiastic Cartesian, combined their efforts to write a burlesque version of the Sorbonne's application for the suppression of the new ideas, together with the Parlement's decree. Published in late 1671, its title was as follows:

Requête des Maîtres-ès-Arts, Professeurs et Régents de l'Université de Paris, présentée à la Cour Souveraine de Parnasse: Ensemble l'Arrêt intervenu sur ladite Requête. Contre tous ceux qui prétendent faire, enseigner ou croire de Nouvelles Découvertes qui ne soient pas dans Aristote. A Delphe, par la Société des Imprimeurs Ordinaires de la Cour de Parnasse. MDCLXXI.

Boileau's contribution to this joint enterprise, the *Arrêt burlesque*, makes quite explicit the identity of those whom Morel and Guyard sought to suppress: it is the 'Gassendistes, Cartésiens, Malebranchistes et Pourchotistes',[1] all disciples of 'la Raison', who is formally banished by the decree from the University—'à peine d'être déclarée Janséniste et amie des nouveautés'. With this bracketing of Jansenist and Cartesians, the

Arnauld family (Arnauld d'Andilly, Antoine Arnauld, Le Maître, &c.) stood firmly behind the new philosophy. The situation is described by A. Adam, op. cit., t. II, p. 179 sqq. The story of the resistance to Descartes is clearly set out by J. S. Spink in his *French Free-Thought from Gassendi to Voltaire*, 1960, chapter X. It was in 1663 that the University officially placed Descartes' works on its Index of prohibited books; and in 1669, for instance, candidates for the Chair of Philosophy at the Collège Royal had to sustain theses against the 'philosophie nouvelle'.

[1] Malebranche (1638–1715) and Pourchot (1651–1734) were both leading exponents of Cartesianism and opponents of the Jesuits.

link between the scientific and theological aspects of the affair is once more demonstrated.

In the event, the real request from the Sorbonne to the Parlement never went forward—a fact which Boileau ascribes to the efficacy of his satire. However, there is no doubting the reality of this incident in the long battle against obscurantist dogmatism, and the critical piece of evidence which connects Molière with it is Bernier's Preface to the *Arrêt*, where he writes:

On m'avait dit que le sieur Molière observait toutes les démarches de ces messieurs,[1] et qu'il se proposait de démêler toutes leurs intrigues dans une comédie qu'il préparait pour le divertissement de la Cour. Il avait entre autres un acteur avec de grandes mâchoires qui représentait merveilleusement l'original.[2] Mais on me vient d'avertir qu'il a changé de dessein sur ce qu'il a appris que le corps de l'Université ne prenait aucune part à ces brouilleries, et que les plus éclairés avaient fait connaître aux autres que ces soulèvements philosophiques ne provenaient que par le moyen de deux ou trois émissaires qui, étant secrètement poussés par les ennemis jurés de l'Université, tâchaient d'engager cet illustre corps dans une entreprise capable de le discréditer par toutes les nations.[3]

Although Bernier says here that Molière abandoned his original project for a comedy based on the affair of 1671, it is impossible to mistake the degree to which *Le Malade imaginaire* was inspired by it. In the text of the play as we now have it, it is no longer the Faculty of Theology and its notorious Dean who are the immediate targets of the poet's satire. But the shift of emphasis to the Faculty of Medicine was a minimal one, and was in any case foreshadowed in Boileau's *Arrêt burlesque*, where the medical world was also ridiculed. Neo-Aristotelian scholasticism

---

[1] i.e. the Sorbonne doctors.

[2] This is a reference to the Dean himself, Claude Morel.

[3] For fuller details of the whole incident, see the article by René Jasinski: 'Sur Molière et la Médecine', in *Mélanges de philologie, d'histoire et de littérature, offerts à Joseph Vianey*, 1934, pp. 249-54; also the book by E. Magne: *Une Amie inconnue de Molière; Molière et l'Université*, 1922, pp. 99-109.

is portrayed in both contexts as a dogmatic mentality which stultifies all disciplines, whether theological or scientific: its basic characteristic is the refusal to examine any new evidence, its rejection of all experimental techniques, and its addiction to hollow verbalism. In fact, Boileau anticipates many of the details in Molière's play: his mock decree, for instance, expressly censures Reason for having attributed to the human heart the function 'de faire voiturer le Sang par tout le corps, avec plein pouvoir audit Sang d'y vaguer, errer et circuler impunément par les veines et artères, n'ayant autre droit ni titre pour faire lesdites vexations que la seule Expérience, dont le témoignage n'a jamais été reçu dans lesdites Écoles'. Likewise, Molière's Monsieur Diafoirus boasts of his son's resolute opposition to Harvey's discovery of the circulation of the blood and other such new-fangled ideas[1] in the following words:

Il est ferme dans la dispute, fort comme un Turc sur ses principes, ne démord jamais de son opinion, et poursuit un raisonnement jusque dans les derniers recoins de la logique. Mais, sur toute chose, ce qui me plaît en lui, et en quoi il suit mon exemple, c'est qu'il s'attache aveuglément aux opinions de nos anciens, et que jamais il n'a voulu comprendre ni écouter les raisons et les expériences des prétendues découvertes de notre siècle touchant la circulation du sang et autres opinions de même farine.[2]

And again, when Molière's Béralde says of contemporary doctors:

Ils savent la plupart de fort belles humanités, savent parler en beau latin, savent nommer en grec toutes les maladies, les définir et les diviser; mais, pour ce qui est de les guérir, c'est ce qu'ils ne savent point du tout... et toute l'excellence de leur art consiste en un pompeux galimatias, en un spécieux babil, qui vous donne des mots pour des raisons et des promesses pour effets,[3]

[1] William Harvey's *De Motu Cordis* was first published in 1628.
[2] Act II, sc. V.
[3] Act III, sc. III.

his denunciation applies essentially to all forms of dogmatism, irrespective of their particular application; indeed, it was fundamentally part of Molière's thinking to look upon the forces of reaction as being associated in an organized conspiracy to exploit society for their own ends.[1] The secret ramifications of the *cabale* extended throughout society, with its adherents in all the professions; in *Le Malade imaginaire*, Molière gives us a glimpse of the same mentality at work in the legal profession, where the notary, M. Bonnefoi, with his skill at manipulating 'les détours de la conscience', recalls the earlier figure of M. Loyal, in *Tartuffe*. It was of the latter that the famous *Lettre sur la comédie de l'Imposteur* commented, in words applicable to both M. Bonnefoi and the doctors:

> Ce personnage est un supplément admirable du caractère bigot, et fait voir comme il en est de toutes professions, et qui sont liés ensemble bien plus étroitement que ne le sont les gens de bien, parce qu'étant plus intéressés, ils considèrent davantage, et connaissent

[1] Cf. *Dom Juan*, Act V, sc. II. Dom Juan's cynical references to the *cabale* should be compared with a similar statement which Molière put into the mouth of one of his doctors in *L'Amour médecin* (1666), one year after *Dom Juan*. Filerin, who was probably drawn to resemble the court doctor Yvelin, says to his quarrelling colleagues:

> N'avez-vous point honte, Messieurs, de montrer si peu de prudence, pour des gens de votre âge, et de vous être querellés comme de jeunes étourdis?... Mais enfin toutes ces disputes ne valent rien pour la médecine; puisque le Ciel nous fait la grâce que depuis tant de siècles on demeure infatué de nous, ne désabusons point les hommes avec nos cabales extravagantes, et profitons de leur sottise le plus doucement que nous pourrons. Nous ne sommes point les seuls, comme vous savez, qui tâchons à nous prévaloir de la faiblesse humaine. C'est là que va l'étude de la plupart du monde, et chacun s'efforce de prendre les hommes par leur faible, pour en tirer quelque profit... Mais le plus grand faible des hommes, c'est l'amour qu'ils ont pour la vie, et nous en profitons, nous autres, par notre pompeux galimatias, et savons prendre nos avantages de cette vénération que la peur de mourir leur donne pour notre métier.

This passage confirms that Molière saw the medical profession as being a part of the general conspiracy which exploited the public and harmed its welfare.

mieux combien ils se peuvent être utiles les uns aux autres dans les
occasions: ce qui est l'âme de la cabale.[1]

If, therefore, as seems probable, *Le Malade imaginaire* was
originally begun as a satire on the Faculty of Theology and was
subsequently recast to bring the main weight of ridicule upon the
medical Faculty, Molière needed to change only the detail of his
satire, rather than the essential framework; moreover, the comic
tradition already supplied the prototype for the rôle of the doctor,
characterized by his pedantry and rigid formalism.[2] The same
basic features persist in MM. Diafoirus, Fleurant and Purgon,
with their superstitious reverence for the rituals of the profession. But it is particularly in the case of Purgon that the
theological overtones remain: the most striking illustration of
this is in Act III, scene VI, after Argan has momentarily rebelled
against the doctor's authority; it is then that the latter pro-
nounces a curse upon his patient in the way a theologian ex-
communicates a heretic, abandoning him to the corruption of
nature deprived of grace.[3]

[1] The *Lettre*, published in 1667, following the performance of the slightly
revised version of *Tartuffe*, is considered by most critics to reflect Molière's own
opinions. Perhaps the best article dealing with it is that by René Robert: 'Des
Commentaires de première main sur les chefs-d'œuvre les plus discutés de
Molière', *Revue des Sciences Humaines*, 1956, pp. 19–49. M. Robert suggests
that its actual author was Donneau de Visé, acting as a spokesman for Molière.

[2] In the *commedia dell'arte*, for instance, the Dottore is one of the principal
'masks' or stock types. Cf. Allardyce Nicoll: *Masks, Mimes and Miracles*, 1931,
p. 257: 'We know that the Dottore, wherever he was born, was nearly always a
doctor of Bologna, and since Bologna was the centre of legal studies, he was
usually a jurist. Occasionally he appears as a medical man, but this profession is
rarely given him before the late seventeenth century ... "This rôle", says a
writer in the *Calendrier historique des théâtres* (1751), "is that of a pedant, of
a perpetual babbler who cannot open his mouth without uttering a sententious
saying or dragging in some Latin expressions." '

[3] A similar point is developed by J. D. Hubert in *Molière and the Comedy of
Intellect*, 1962, p. 255 sq.: 'The author criticizes the *Faculté* for stressing the
importance of ancient languages and of dogma, instead of the exigencies of
the present. But it so happens that these strictures can apply as easily to the
Church as to medicine. The play actually gains in coherence whenever a metaphor,

To complete this study of the play's genesis, it remains to consider one other factor which may well have influenced the poet's choice of subject and ideas: namely, his more personal experience of ill-health. Many critics strenuously reject any attempt to seek autobiographical explanations for Molière's work on the grounds that, given the complete absence of any avowedly autobiographical writings of Molière, we are forced to resort to guesswork, often based upon the suspect testimony of his biased contemporaries. Yet against this it may be argued, first of all, that—however slender the evidence—intelligent guess-work is essentially part of the critic's function.[1] Secondly, that there was at least one contemporary of Molière who was extremely well placed to assess the facts—Molière's *confident* and fellow-actor, La Grange—and he affirmed the very personal nature of the inspiration behind some of the poet's work. Thus in the Preface to the 1682 edition of the plays, La Grange writes:

[Molière] observait les manières et les mœurs de tout le monde; il trouvait moyen ensuite d'en faire des applications admirables dans ses comédies, où l'on peut dire qu'il a joué tout le monde, puisqu'il s'y est joué le premier en plusieurs endroits, sur des affaires de sa famille et qui regardaient ce qui se passait dans son domestique. C'est ce que ses plus particuliers amis ont remarqué bien des fois.

What is certainly true is that by 1673 Molière had a long and painful experience at first hand of ill-health: whether or not his trouble was the hereditary tuberculosis which some modern medical experts have diagnosed,[2] there is no doubt that, from

---

an attitude, a gesture suggests an analogy between doctors and theologians. The common denominator is obviously, as we have suggested, the neo-scholastic mentality.

[1] The importance of the critic's 'droit d'approfondir les œuvres, de découvrir leur point d'attache dans la vie de l'auteur' is analysed and affirmed by R. Fernandez in his admirable book: *La Vie de Molière*, 1929.

[2] Cf. René Thuillier: *Molière: Essai médical*, 1930. The symptoms described are, according to this critic and others, those of neurasthenia or psychic hypochondria.

1665 onwards, the poet was constantly beset by illness, which
more than once seems to have brought about the temporary
closure of his theatre. Such interruptions, when rumours sometimes circulated that he was dead, can be found in the years
1665–6, 1667, 1669–70. Grimarest, his first biographer, says of
Molière at this period:

> Il était devenu très valétudinaire, et il était réduit à ne vivre que de
> lait. Une toux qu'il avait négligée lui avait causé une fluxion sur la
> poitrine, avec un crachement de sang, dont il était resté incommodé;
> de sorte qu'il fut obligé de se mettre au lait pour se raccommoder et
> pour être en état de continuer son travail. Il observa ce régime presque
> le reste de ses jours.[1]

However, according to Grimarest, Molière made a great effort
late in 1672 to please his wife, Armande—with whom his
relations had been strained—and attempted to make a fresh start
by living a completely normal life; to this end, he moved into
a new apartment and abandoned his diet: 'Molière, pour rendre
leur union plus parfaite, quitta l'usage du lait, qu'il n'avait point
discontinué jusqu'alors, et il se mit à la viande; le changement
d'aliments redoubla sa toux et sa fluxion de poitrine.'

If these facts are true, it is very tempting to explain the comic
insight which Molière shows into the working of the hypochondriac's mind in Le Malade imaginaire, and the cogency with
which the case for faith in nature's healing powers is expounded
through the figure of Béralde, by the poet's wish to objectivize
and exorcise his own obsessions.[2]

---

[1] Grimarest's Vie de Molière was published in 1705. Though its reliability has
been seriously questioned, much of the information seems to be authentic. Writing
of Grimarest, a leading scholar, M. Mongrédien, says in his La Vie privée de
Molière (1950): 'Son ouvrage mérite plus de confiance, dans son ensemble, qu'on
ne lui en accorde généralement . . . La date proche des événements, à laquelle il
écrivait, lui donne une autorité incontestable' (p. 11).

[2] In this respect, Fernandez's words on the significance to Molière of L'École
des maris seem applicable to Le Malade imaginaire: '[Cette pièce] représentait
surtout pour lui une expression de soi dans une vision poétique absolue où ses

One of the more scurrilous of Molière's enemies, Le Boulanger de Chalussay, had already in 1670 mocked his supposed hypochondria in a satirical comedy: *Élomire hypocondre ou les médecins vengés*.[1] And in his Preface, the author issued what was virtually a challenge to Molière to do better if he could with the same theme:

Il [Molière] a donc fait son portrait, cet illustre Peintre, et il a même promis plus d'une fois de l'exposer en vue, et sur le même théâtre où il avait exposé les autres; car il y a longtemps qu'il a dit, en particulier et en public, qu'il s'allait jouer lui-même, et que ce serait là que l'on verrait un coup de maître de sa façon... Si Élomire le[2] trouve trop au-dessous de celui qu'il avait fait, et qu'une telle copie défigure par trop un si grand original, il lui sera facile de tirer raison de ma témérité puisqu'il n'aura qu'à refaire ce portrait effacé et à le mettre au jour.

It was not Molière's method to respond in kind to the calumnies of his adversaries: what mattered to him was simply to prove his undisputed superiority as a comic artist. This was his reaction in 1663, during the polemics following *L'École des femmes*, when such works as Boursault's *Le Portrait du peintre* were written to vilify him. Thus, in *L'Impromptu de Versailles* we find the following comments on his attitude towards the invectives of the *comédiens* of the rival Hôtel de Bourgogne and their allies:

La Grange: Les comédiens m'ont dit qu'ils l'attendaient sur la réponse, et que...

---

tendances incompatibles se composaient dans l'harmonie comique. Car autobiographie ne peut guère signifier, en esthétique, que transposition de l'homme dans un plan d'ordinaire inutilisable' (op. cit., p. 109).

[1] 'Élomire' is the anagram of Molière. Mongrédien offers the following verdict on the evidence supplied by Le Boulanger de Chalussay: 'Le Boulanger de Chalussay était extrêmement renseigné jusque dans les détails . . . On verra que ses dires sont souvent confirmés par des actes authentiques ou des témoignages non suspects' (op. cit., p. 10).

[2] i.e. the portrait drawn by Le Boulanger de Chalussay.

Brécourt: Sur la réponse? Ma foi, je le trouverais un grand fou, s'il se
mettait en peine de répondre à leurs invectives. Tout le monde sait
assez de quel motif elles peuvent partir; et la meilleure réponse
qu'il leur puisse faire, c'est une comédie qui réussisse comme toutes
ses autres. Voilà le vrai moyen de se venger comme il faut...[1]

Is it not very probable that *Le Malade imaginaire* was, to a
large degree, precisely this kind of response by Molière to the
pedestrian satire of *Élomire hypocondre*?

2. Tradition and Originality in the Comic Structure of 'Le Malade imaginaire'

Like all other literary *genres* in Europe, comedy was profoundly influenced by the revival of interest in the cultures of
ancient Greece and Rome which gave its name to the Renaissance. In sixteenth-century France, when the movement was at
its height, humanists such as Du Bellay dismissed with contempt
most of the literary tradition of medieval times and called for the
re-creation of their national culture by the study and imitation
of antiquity, thereby following the example of the Italians, in
whose country the classical revival had begun a century earlier.

As applied to comedy, this method meant the rejection of the
indigenous farce—which Du Bellay no doubt included among
those 'épiceries qui corrompent le goût de notre langue'—and
the conscious reproduction of the pattern first exemplified in
Athenian 'New Comedy', represented in the work of Menander,
and continued in ancient Rome by Plautus and Terence. With its
skilfully constructed intrigues and gallery of conventional comic
types—avaricious fathers, old men in love, braggart soldiers and
cunning servant-slaves—it served as a model for the Italian
writers of the Renaissance, such as Ariosto, Bibbiena, Barbieri
and Della Porta, and in due course it reached France, where its
main disseminator was Pierre de Larivey. Adopting the principle
laid down by Du Bellay, Larivey translated a whole series of

[1] *L'Impromptu de Versailles*, sc. V.

Italian comedies, and his most famous play: *Les Esprits*, is a typical example of the heredity of the *genre*. It is a free translation of Lorenzino de Medici's *Aridioso*, itself a combination of several antique comedies, including Terence's *Adelphi*, as well as Plautus' *Mostellaria* and *Aulularia*.

The main claim to fame of *Les Esprits* is that it produced the admirable comic character of Séverin, the miser, which supplied Molière with many details for his portrait of Harpagon. Yet such really comic characters are rare, and are the exceptions which prove the rule: namely, that the essential comic effects are those provided, not by character, but by the surprise impact of continually changing situations, brought about by a web of errors, fortuitous meetings, and so on—all controlled by the arbitrary dictates of the author's exuberant fantasy. As in Shakespeare's *Comedy of Errors*—a title that would fit innumerable plays written in France in the seventeenth century—the intrigue is everything, with its stock *romanesque* elements based on tales of shipwrecks, pirates and kidnappings, ransomed slaves and changelings.[1] While writers such as Rotrou, Tristan and Quinault looked mainly to Italy for their comic material, others, including Scarron, Boisrobert and Thomas Corneille, found similar inspiration in Spanish sources.[2] Here again, it is the complications of the plot, often highly melodramatic and violent in its incidents, that strike the reader most forcibly, although in some cases there is a greater concentration upon character-

[1] Hence the verdict expressed in the *Segraisiana*, which points out the enormous influence on early seventeenth-century drama of Honoré d'Urfé's *romanesque* novel, *L'Astrée*:

> Pendant près de 40 ans, on a tiré tous les sujets des pièces de l'*Astrée*, et les poètes se contentaient ordinairement de mettre en vers ce que M. d'Urfé y fait dire en prose aux personnages de son roman. Ces pièces-là s'appelaient des *Pastorales*, auxquelles les Comédies succédèrent (quoted by E. Lintilhac: *Histoire générale du Théâtre en France*, t. III, p. 29).

[2] Cf. Rotrou's *Clarice* (1642), based on a play by Sforza d'Oddi of 1572, and his *La Sœur* (1647), taken from *La Sorella* of Della Porta (1589). The most popular Spanish models are Calderon, Lope de Vega and Francisco de Rojas.

comedy, particularly where the author is writing specifically for
the celebrated *farceur* Jodelet; the latter was one of the star
performers at the Théâtre du Marais until Molière returned to
Paris in 1658 and engaged his services, notably for *Les Précieuses
ridicules*.[1]

The most famous of these plays drawn from the Spanish
tradition is undoubtedly Pierre Corneille's *Le Menteur*,[2] but in
spite of its title, it would be wrong to see in this an anticipation
of Molière's essential preoccupation with character-comedy.
Perhaps the earliest and best statement of Molière's originality
in this respect came from Corneille's own nephew, Fontenelle:

> Quoique *Le Menteur* soit très agréable et qu'on l'applaudisse encore
> aujourd'hui sur le théâtre, j'avoue que la comédie n'était point encore
> arrivée à sa perfection. Ce qui dominait dans les pièces, c'était l'intrigue
> et les incidents, erreurs de nom, lettres interceptées, aventures noc-
> turnes; et c'est pourquoi on prenait presque tous les sujets chez les
> Espagnols, qui triomphent sur ces matières... Mais enfin la plus
> grande beauté de la comédie était inconnue: on ne songeait point aux
> mœurs et aux caractères, on allait chercher bien loin les sujets de rire
> dans des événements imaginés avec beaucoup de peine, et on ne
> s'avisait point de l'aller prendre dans le cœur humain, qui en fourmille.
> Molière est le premier qui l'ait été chercher là et celui qui l'a le mieux
> mis en œuvre. Homme inimitable et à qui la comédie doit autant
> que la tragédie à M. Corneille.[3]

Molière's early exercises in full-scale literary comedy before he
re-established himself in Paris—*L'Étourdi* (1655) and *Le Dépit*

[1] An article by R. Garapon: 'Sur les dernières comédies de Molière', in
L'Information littéraire, 1958, pp. 1–7, stresses the degree to which Molière's
later work is indebted to the burlesque comedies of Scarron and Thomas Corneille.

[2] *Le Menteur* was first performed in the 1643–4 season in Paris. Its source is
Alarcon's *La Verdad Sospechosa*.

[3] *La Vie de Corneille*, in *Œuvres*, Paris, 1742, t. III, p. 104. P. Kohler, in
L'Esprit classique et la Comédie, 1925, p. 177, writes justly of Corneille's comedy:
'Dorante est menteur, mais à sa manière. Le mensonge en lui n'est pas un vice,
à peine un travers; c'est une inclination, un talent. Il invente à plaisir, et pour
plaire . . . Il est difficile vraiment de voir là une comédie de caractère.'

amoureux (1656)—were both closely built upon Italian sources,[1] and there is a corresponding emphasis upon the intrigue. But with the first major comedy of the Parisian period—*L'École des femmes* of 1662, in which the five-act structure and use of alexandrine verse unmistakably underlined its claim to be treated as literary *haute comédie*, as opposed to popular farce—it was precisely the absence of a conventional intrigue which aroused the critics. The real novelty of the play is admirably reflected in the carping comments of one of these critics, figured in Robinet's *Panégyrique de l'École des femmes*. Accusing Molière of having destroyed 'la belle comédie', as exemplified by *Le Menteur* or Thomas Corneille's *Don Bertrand de Cigarral*, he says:

> Je remarquerais avec beaucoup de justice qu'il n'y a presque point du tout d'action, qui est le caractère de la comédie, et qui la discerne d'avec les poèmes de récit, et que Zoïle [= Molière] renouvelle la coutume des anciens comédiens, dont les représentations ne consistaient qu'en perspectives, en grimaces et en gestes.[2]

As some modern critics have since indicated, this verdict contained much more 'justice' than its author realized. With Molière, the structure of classical comedy is modified in a way that, to a certain extent, parallels the evolution of tragedy, as found in the work of Racine: the action is simplified and subordinated to the presentation of character, its whole purpose being to supply us with a series of *perspectives* of the central figures.[3]

Moreover, the suggestion by Robinet's spokesman that *L'École des femmes* was, in fact, a return to the methods of the 'anciens comédiens' is equally revealing of the heredity of Molière's comic style. The immediate reference is to the old farce

[1] Respectively, Barbieri's *L'Inavvertito* (1629) and Secchi's *L'Interesse* (1581).

[2] *Panégyrique*, sc. V.

[3] The parallelism of the two *genres* is reinforced by a remark attributed to Saint-Évremond, concerning the evolution of classical tragedy: 'Autrefois on prenait un grand sujet et on y faisait entrer un caractère; aujourd'hui, on forme sur les caractères la constitution du sujet.'

tradition, of which the most recent indigenous representatives
were the celebrated trio of *farceurs* who acted at the Hôtel de
Bourgogne in the early decades of the century.[1] But it applies
equally to their Italian counterparts of the *commedia dell'arte*,
who shared Molière's theatres with him in Paris. Both groups
illustrate the tendency of popular comedy to build its material
upon the comic personality of the actor, rather than upon more
literary effects, such as an elaborate, carefully integrated intrigue.
In the case of the Italian players, for instance, the action was
outlined in a scenario, which often juxtaposed fairly loosely a
series of *tableaux* that enabled stock comic figures, or 'masks',
to perform impromptu their own typical comic responses, relying heavily upon mime and slapstick—those 'grimaces et gestes'
of which Robinet's text speaks.[2]

The fact that Molière was at the same time author and actor,
himself taking the central comic rôles of his plays, does much
to explain the essentially popular roots of his comic genius and
style. No one knew better than he that 'les comédies ne sont
faites que pour être jouées'; and he adds to this phrase from the
Preface to *L'Amour médecin* the warning: 'Je ne conseille de
lire celle-ci qu'aux personnes qui ont des yeux pour découvrir

[1] The original trio consisted of Turlupin, Gros-Guillaume and Gaultier-
Garguille, who reached the height of their fame in the years 1622–33; their most
outstanding successor was Jodelet. For further details see G. Attinger: *L'Esprit de
la Commedia dell'arte dans le Théâtre français*, 1950, p. 100 sq.

[2] There are numerous examples in *Le Malade imaginaire* of the *lazzi* or stock
farce numbers in which the Italian actors excelled; the most obvious of these are
as follows: Act I, sc. II, where Toinette pretends to have banged her head and
constantly shouts as if in pain, in order to prevent Argan from launching into
one of his typical tirades of self-pity; Act I, sc. V, with its extended *quiproquo*,
when Angélique and Argan talk at cross-purposes about the intended husband
for Angélique; Act II, sc. II, where Toinette mouths words, pretending to be
talking, in order to make Argan think he is deaf; Act II, sc. V, where Argan and
M. Diafoirus 'parlent tous deux en même temps, s'interrompent et confondent';
and finally, the semi-acrobatic agility with which Toinette dodges in and out in
Act III, scenes VIII–X, in order to play two rôles at once. This last example was
first used by Molière in the provincial farce *Le Médecin volant* and was repeated
in the final act of *L'École des maris*.

dans la lecture tout le jeu du théâtre.' Molière was, by common consent, a superb mime, and, like the famous leader of the Italian troupe in Paris, Scaramouche—whom he was also frequently accused of aping—he used every kind of facial expression and gesture to evoke character.[1]

No contemporary account of Molière's performance as Argan has survived to illustrate this aspect of the farce tradition in *Le Malade imaginaire*, though the main character's frequent shuffling on and off the stage to visit his *bassin* or *chaise percée*, his inevitable grimaces at each new spasm of the intestines under the onslaught of his different medicines, and his incessant coughing—all these are sufficient evidence of how fully the subject lent itself to the exploitation of *pantomime*.[2] More significant is the way the action is organized to keep Argan constantly at the centre of our attention: out of a total of thirty-one scenes in the play (not counting the *intermèdes*), Argan is present in all but four. Moreover, the intrigue is relatively banal, being largely a series of situations which Molière had already used in previous comedies.[3] Hence Voltaire, judging the play by the

---

[1] Just as a stage-direction in the Gherardi collection of Italian scenarii says of Scaramouche: 'Scaramuccia non parla, e dice gran cose', so a contemporary account of Molière's performance as Sganarelle in *Le Cocu imaginaire* (1660) says: 'Son visage et ses gestes expriment si bien la jalousie qu'il ne serait pas nécessaire qu'il parlât pour paraître le plus jaloux de tous les hommes ... Sa pantomime excitait des éclats de rire interminables.'

[2] Cf. Béline's description of her husband in Act III, sc. XII: 'Un homme incommode à tout le monde, malpropre, dégoûtant, sans cesse un lavement ou une médecine dans le ventre, mouchant, toussant, crachant toujours ...'

[3] Full details will be found in the Notes. M. Adam has put the point most concisely in his *Histoire*, t. III, pp. 396–7:

Molière ne se mit pas en frais pour... bâtir l'intrigue. Il reprit le thème qui lui avait déjà servi dans *Tartuffe*, dans *l'Avare*, dans *le Bourgeois gentilhomme* et dans *les Femmes savantes*. Le malade imaginaire prétendra marier sa fille au fils de son médecin, de la même façon qu'Orgon, Harpagon, Mme. Jourdain et Philaminte voulaient marier les leurs à un dévot, à un homme qui n'exigeait pas de dot, au fils du Grand Turc et au sinistre Trissotin. Simple prétexte d'intrigue. (Molière) reprend, dans une scène du 1er acte, un bout de dialogue de *Tartuffe* et, presque littéralement,... un morceau entier des *Fourberies de*

false standards of one who placed too much emphasis on the novelty and complications of the plot, was led to write of *Le Malade imaginaire*:

C'est une de ces farces de Molière, dans laquelle on trouve beaucoup de scènes dignes de la haute comédie... Il faut encore convenir que Molière, tout admirable qu'il est dans son genre, n'a ni des intrigues assez attachantes, ni des dénouements assez heureux, tant l'art dramatique est difficile.[1]

Molière readily borrows from the literary tradition such elements of the intrigue as Cléante's ruse in Act II—already used by Thomas Corneille in his *Don Bertrand de Cigarral* (1650)—but most striking is the way he cavalierly manipulates the 'story', to create virtually detachable scenes that depend almost entirely for their effect upon the comic delineation of character. This is true, for example, of the scene where the Notaire reveals his devious practices designed to 'disposer en fraude de la loi' (I, 7); or again, the scenes that introduce the two Diafoirus figures in Act II, with their extended demonstration of the reactionary mentality of so many seventeenth-century doctors. But, above all, what Robinet's text called the 'perspectives' of popular comedy constantly lead, in this play, to Argan himself, and it is here that both the richness and the ancestry of Molière's comic genius is most clearly to be seen. Before looking closely at this central figure, however, it is necessary to say something about the general principles governing comedy based on character study.

Reference has already been made, above, to *La Critique de l'École des femmes* and *L'Impromptu de Versailles*, where Molière states his conception of the essential business of comedy,

---

Scapin. Il va chercher des développements dans *le Médecin malgré lui* et dans *Monsieur de Pourceaugnac*. La cérémonie finale du *Malade imaginaire* rappelle la cérémonie turque du *Bourgeois gentilhomme*. La ruse de Toinette ressemble fort à celle d'Ariste dans *les Femmes savantes*.

[1] Quoted by Despois and Mesnard, *Œuvres de Molière*, t. IX, pp. 255–6.

namely to 'entrer comme il faut dans le ridicule des hommes'.
But in neither of those two contexts, nor elsewhere in his
authenticated work, have we any detailed analysis of the
comic mechanism or of the exact nature of *le ridicule*. Nevertheless, there does exist such an analysis, which throws valuable
light on the problem and which is all the more significant in
that many modern critics believe it to be inspired by, if not
actually written by, Molière himself. It is to be found in the
anonymous *Lettre sur la comédie de l'Imposteur*, published in 1667
following an abortive attempt to defeat the ban imposed on
Tartuffe in 1664.[1]

After describing very fully the action of the play, the *Lettre*
proceeds to formulate a theory of the mechanism of character
comedy, based on the notion that laughter is essentially provoked
by the intellectual perception of what is irrational or false. Our
sense of the ridiculous is aroused by subjects which visibly
offend against the laws of their own being and thereby take on
an element of incongruity—'une espèce de disconvenance'. It is
our simultaneous double vision of what is proper to a given
being and the self-willed breach of that propriety (*bienséance*)
that produces what the philosopher Hobbes picturesquely
described as 'sudden glory' and what the author of the *Lettre*
calls 'une joie mêlée de mépris', both writers basing their
observation on the view that human pride instinctively enjoys
a sense of superiority at the spectacle of error in others. It is thus
the business of the comic author to construct situations that
demonstrate tangibly the presence of falsity and artifice in his
characters, so that the spectator 'sees through' their excessive
pretensions and enjoys the deflation of their counterfeited dignity. In the words of the *Lettre*:

Si le ridicule consiste dans quelque disconvenance, il s'ensuit que
tout mensonge, déguisement, fourberie, dissimulation, toute apparence

[1] The following points are developed much more fully in my article: 'Essai de
définition du comique moliéresque', in *Revue des Sciences Humaines*, 1964, pp. 9–24.

différente du fond, enfin toute contrariété entre actions qui procèdent d'un même principe, est essentiellement ridicule.[1]

Fuller consideration will be given below to the framework of ideas in Molière's work which constitutes his notion of *bien-séance*; for it is the essence of his great comic characters, notably those whom Molière played himself—the Sganarelles, Arnolphe, Orgon, Alceste, Harpagon and Argan, for instance—that they arrogantly proclaim their own exclusive possession of the key to true wisdom and blindly reject the warnings of their fellow-men concerning the inherent limitations of humanity. It is this excessive arrogance that leads to their errors and consequent self-inflicted downfall, which the audience greets with the appropriate 'joie mêlée de mépris'. Perhaps the best description of this category of comic protagonists is given by one of the characters in *L'Avare*, who says: 'Il y a de certains esprits qu'il ne faut jamais prendre qu'en biaisant, des tempéraments rétifs, que la vérité fait cabrer, qui toujours se roidissent contre le droit chemin de la raison.' [2]

The instinctive tendency of the human ego is to attempt to dominate reality, to bolster the self with a fictitious self-esteem and sense of authority in the face of unpalatable evidence of its own inadequacy. Molière's protagonists are all, in a sense, *imaginaires* who create a false image of their own self which disguises the truth and serves to conceal their basic insecurity. They bear out the truth of Béralde's argument, when he speaks of those 'pures idées dont nous aimons à nous repaître, et de tout temps il s'est glissé parmi les hommes de belles imaginations que nous venons à croire, parce qu'elles nous flattent, et qu'il serait à souhaiter qu'elles fussent véritables'. [3]

It is this aspect of Molière's comedy which more than any

[1] The full text of the *Lettre* is reproduced in the *Œuvres de Molière*, ed. Despois and Mesnard, t. IV, pp. 529–66. This quotation occurs on p. 564.

[2] *L'Avare*, Act I, sc. V.

[3] Act III, sc. III.

other reveals his enormous debt to the tradition of the popular farce and its central preoccupation with the *cocu* whose marital misfortunes stem from his own tyrannical behaviour in the home; for, if the theme of *cocuage* looms so large in popular literature, it is largely because marriage and family life constitute the most immediate social group in which a man lives, and which therefore offer the greatest challenge to the egoist. Sganarelle, in *L'École des maris*, and Arnolphe, in *L'École des femmes*, are the direct descendants of the 'heroes' of innumerable medieval farces and *contes*, whose obsessions with women's 'fickleness' were rooted in their own weakness. Love is a passion that robs a man of self-possession: it demands the sacrifice of the self and leaves the ego exposed; the lover craves affection but often cannot give it, since it means unbending and making himself emotionally vulnerable. Hence the resort to authoritarianism in the comic lover or husband, who tries to command affection and force subservience upon the object of his passion. Like Alceste, he brands all compliments as false flattery, because to compliment is to show 'weakness', and adopts the mask of a puritan sage. The theme of the *cocu imaginaire* which Molière used several times in his earlier work is thus, as it were, an archetypal form of the basic human predicament.[1]

Argan's 'imaginations' are only a variant form of this attempt to evade reality: his medical mania and hypochondria stem from an innate egoism which cannot face up to the fact of human mortality and its attendant ills: age, illness and death. Such a situation is, of course, potentially tragic, but all depends upon the perspective adopted by the dramatist. In Molière's

[1] This predicament is vividly described by Pascal in his *Pensées*, ed. Lafuma (Delmas, 1952), n° 99: 'La nature de l'amour-propre et de ce moi humain est de n'aimer que soi et de ne considérer que soi. Mais que fera-t-il? Il ne saurait empêcher que cet objet qu'il aime ne soit plein de défauts et de misères.' And when Pascal concludes: 'Il conçoit une haine mortelle contre cette vérité qui le reprend et qui le convainc de ses défauts' he provides the link with Molière's comic figures . . . 'que la vérité fait cabrer . . .'

hands, the comic tone is constantly guaranteed by the unfailing
emphasis upon the self-centred nature of his protagonist—an
egoism that insulates the character against our pity. And, above
all, Argan is, with each fresh situation in the play, convicted
anew of being what Molière called a 'faux monnoyeur': of him
it can truly be said that he *enjoys* ill-health, using it as a pretext
to gain attention and authority, whereas in reality his physical
health is perfectly sound.[1] Argan is *ridicule* because, to quote
again the *Lettre sur la comédie de l'Imposteur*, we witness in him
an 'apparence différente du fond' and a recurring 'contrariété
entre actions qui procèdent d'un même principe'. It is with this
comic mechanism in mind, therefore, that we shall now make
a sample analysis of some of the main scenes of Act I of the play.

The masterly first scene of *Le Malade imaginaire* gives us the
measure of the place of medicine in Argan's world. We see him
going lovingly through the accounts of his apothecary, and this
is obviously one of the high spots in his life, to which he looks
forward each month. He reads out the different remedies and
treatments with undisguised self-satisfaction: he savours the
technical language—'un petit clystère insinuatif, préparatif et
rémollient'—and repeats with relish the phrases that appeal to
him: 'Les entrailles de Monsieur'. This is the world of which
he is the centre of attention, and, like all wishful thinkers, he
dramatizes the situation by carrying on an imaginary dialogue
with the apothecary in which he himself plays the *beau rôle*,
alternately administering reprimands for over-charging and con-
descending to give little pats on the back where he recalls a
successful treatment. It is the perfect evocation of the way we
indulge our fantasies and re-create reality in the image of our
wishes.

[1] Cf. Béralde's words in Act III, sc. III: 'J'entends, mon frère, que je ne vois
point d'homme qui soit moins malade que vous, et que je ne demanderais point
une meilleure constitution que la vôtre.'

Then suddenly, the fantasy ends and reality returns: Argan was so deep in his game of make-believe that he had lost all sense of being alone in the room until he issued the order for his counters to be removed. The absence of any response to his order brings him out of the dream: 'Il n'y a personne?' And so the mood switches abruptly to self-pity: but again it is dramatized by his imagination, for he sees himself now as the lonely abandoned patient: 'Est-il possible qu'on laisse comme cela un pauvre malade tout seul! Drelin, drelin, drelin: voilà qui est pitoyable! Ah! mon Dieu, ils me laisseront ici mourir.'

Already in this first scene, Molière has grouped together the essential aspects of the character in the stock comic pattern: he has juxtaposed two conflicting and contradictory images which enable us to see through them both. First we witness the inflation of the *malade*'s ego as he deals out justice to his chemist; then follows the deflation characteristic of the comic process. The balloon of illusory self-esteem is burst and the authoritative pose gives way to a grovelling, the absurdity of which is intensified by the impotent rage behind it: 'Chienne, coquine, j'enrage!'

In the scene that follows, Argan attempts to restore his shattered dream-world by exerting his authority over the servant: the abuse which he has ready to heap upon her is a new self-indulgence, for, as he says in unconscious self-betrayal, its only purpose is his own satisfaction—'le plaisir de la quereller'. The scene is of typical farce structure, relying heavily upon what might be called verbal slapstick; that is, regular and rhythmic 'collisions' of speech. It contributes to the ludicrous image of Argan, since it brings out the childish petulance of his character. Anger may be taken seriously, but bad temper has merely the effect of belittling. Combined here with the vulgarity of the language ('Ah! chienne! ah! carogne! . . . traîtresse, . . . coquine'), it emphasizes the unbalanced and impotent egoism of Argan.

It is in scene V, where Argan returns from his hasty visit to the lavatory, that we are introduced to the first major *péripétie* of the plot: Argan's project to marry Angélique to a doctor, Diafoirus *fils*, in spite of her love for the young and attractive suitor, Cléante. It opens brilliantly: Argan has settled comfortably in his chair and proceeds to outline his intentions. The mention of the word 'marriage' brings a smile to Angélique's face, and Argan—pleased with himself for his plans, and quick to find a ready response—assumes the *persona* of the kindly father, gently teasing his daughter for her eagerness: 'Cela est plaisant, oui, ce mot de mariage. Il n'y a rien de plus drôle pour les jeunes filles. Ah! nature, nature!' Both Argan and Angélique are purring with self-satisfaction here: both can enjoy the luxury of generosity since they both feel they are promoting their own interests. Angélique can gaily assert her total submissiveness to her father's wishes ('C'est à moi, mon père, de suivre aveuglément toutes vos volontés'), while Argan can take the credit for siding with 'nature' against his wife's determination that Angélique and Louison should enter a religious order—with the added touch of smugness on his part that his is the final authority in the home, rather than his wife's. Then the misunderstanding is finally removed and there is an immediate dropping of poses: Argan characteristically explodes ('Vous allez d'abord aux invectives', says Toinette), but is brought to admit that his motives are self-interested: 'C'est pour moi que je lui donne ce médecin.' It never occurs to him that any other interest should be considered, and to justify such uninhibited self-indulgence he quickly re-adopts his valetudinarian *grimaces*: 'Me voyant infirme et malade comme je suis' is spoken in the cringing tone of self-pity that demands unquestioning deference. The complete reversal of attitudes from the idyllic opening of the scene comes with Argan's threat to put his daughter in a convent if she opposes his will. It is this which highlights the incongruity and falsity of the sentimental pose he had earlier adopted, for now, when Toinette appeals to his goodness of heart and paternal feelings, she is met with the tetchy rejoinder: 'Je ne suis pas bon, et je suis méchant quand je veux.'

It is in this scene that Molière has borrowed almost literally from his earlier works, to repeat the same comic process of self-betrayal and deflation:[1] in the heat of the argument, Argan has been carried away to expressing his opinions with such extreme vigour that the pose of illness and exhaustion is forgotten. Toinette loses no time in seizing upon the incongruity and exclaims with triumph: 'Doucement, monsieur, vous ne songez pas que vous êtes malade.'[2]

Molière's text repeatedly exploits this basic comic *disconvenance* in Argan, between his real physical robustness and his simulated infirmity; as, for example, in Act III, scene I, where he is about to leave the stage to relieve himself, and Toinette maliciously remarks: 'Tenez, monsieur, vous ne songez pas que vous ne sauriez marcher sans bâton.' [3] But there is also another sense in which Argan is comic through the mechanism of *disconvenance*. Like his predecessors, Sganarelle and Arnolphe, for instance, he adopts all the characteristic attitudes of the despotic master of the house, with some of the heroic overtones reminiscent of certain great Cornelian figures. Act I, scene V has many examples of this, with Argan threatening Angélique with his *malédiction* or with being put into a convent, and using the language of authority: 'Et je veux, moi, que cela soit . . . Je vous dis que je veux qu'elle exécute la parole que j'ai donnée . . . Je lui commande absolument de se préparer à prendre le mari que je dis.' Moreover, to the *persona* of masterful father, he adds that of masterful husband, as we see in his reference to

[1] Cf. *Les Fourberies de Scapin*, Act I, sc. IV; and *Tartuffe*, Act II, sc. II.

[2] In the same way, Toinette's counterpart in *Tartuffe*, the servant Dorine, pointed to the spurious nature of her master's religious *grimaces* with the comment: 'Ah! vous êtes dévot, et vous vous emportez?'

[3] The edition of *Le Malade imaginaire* by Pierre Valde (Editions du Seuil, 1946) contains many valuable pointers to the way an actor can exploit this aspect of the rôle.

Béline's opposition to the project to marry Angélique: 'Elle ne voulait pas consentir à ce mariage; mais je l'ai emporté, et ma parole est donnée.' The comic incongruity of both aspects of his pose is brilliantly demonstrated in scenes V and VI of Act I, where servant and wife each in turn prove his total lack of authority in the house. And again, the same pattern is triumphantly repeated in the celebrated scene between Argan and his younger daughter, Louison, where the father's initial bluster collapes into blubbering helplessness when he thinks he has hit the child too hard.[1]

The incident with Louison is just one of many in the play which raise the question of the realism of Molière. It has been suggested, in the previous pages, that his originality as a comic dramatist in the seventeenth century was that he rooted his action in character, showing a profound psychological insight into the working of the human mind. Yet, manifestly, the behaviour of characters such as Argan is not 'realistic' in the accepted sense: in 'real life', it is highly improbable that anyone would be taken in by the kind of trick played by Louison, or by Toinette's impersonation of a doctor. Such episodes reveal a deliberate artificiality, governed by a sense of fantasy, which nevertheless has its own set laws and creates an impression of coherence. Molière's characters are not meant to be real, fully-rounded figures, with all the complexities of a normal man: in them the author has embodied and concentrated certain dominant features—varying in detail according to the particular type in question—which take complete possession of the personality and dictate all its responses. The secret of this style is that, while

[1] Act II, sc. VIII. Previous commentators are divided in their interpretation of this episode. Some, such as G. Michaut, believe that Argan is merely pretending to be fooled by Louison (Œuvres de Molière, 1947, t. X, p. 13); others such as Pierre Valde (op. cit.) describe Argan as 'horrifié' by what he has done. A parallel example of comic deflation in L'École des femmes supports the second interpretation: note Arnolphe's reaction in Act V, scene I, when he thinks Horace has been killed.

the actions themselves are often outrageously improbable, they have at the same time an inexorable logic, comparable to that of a dream-world, where fantasies are played out without distraction. Argan's reaction to his younger daughter's shammed unconsciousness is that of a man whose fear of death has bred such superstitions in his mind that he can ask: 'N'y a-t-il point quelque danger à contrefaire le mort?' Similarly, his readiness to accept Toinette's medical guise is consistent, in the context of the play, with his innate awe for the profession. As Béralde comments to Angélique, who has protested at the scheme: 'Mais, ma nièce, ce n'est pas tant le jouer que s'accommoder à ses fantaisies.'

In this respect, Molière's world tends to be a two-, rather than a three-, dimensional one: that is, for the most part it deliberately confines itself to a limited (i.e. comic) range of psychological responses, and it is precisely this convention which creates and makes acceptable the artificiality necessary for the unfolding of the plot in farce. To ask whether it is likely that such a woman as Béline would fall so quickly into the trap laid for her in Act III, where Argan pretends to be dead, is to ask a question which the comic perspective is designed to make irrelevant. All we can say is that her behaviour reproduces a comic truth about greedy people.

The world of _Le Malade imaginaire_ is thus a poetically-conceived world, establishing its own illusion of reality by exploiting the latent fantasies present, to some degree, in all of us, and developing them _ad absurdum_. This was the point made long ago by Sainte-Beuve when he praised Molière's last plays as the summit of his achievement:

Quoi qu'on ait dit, _Monsieur de Pourceaugnac_, _Le Bourgeois gentilhomme_, _Le Malade imaginaire_ attestent au plus haut point ce comique jaillissant et imprévu qui, à sa manière, rivalise en fantaisie avec _Le Songe d'une nuit d'été_ et _La Tempête_... Molière, jusqu'à sa mort, fut en progrès continuel dans la poésie du comique.[1]

[1] _Portraits littéraires_, II (1834).

And, finally, mention should be made once more, in this context, of the significance to the play of the musical interludes. In spite of their apparently artificial presence, they serve admirably to evoke that very atmosphere of fantasy and rhythm in which the main action must unfold. No better commentary on this aspect of Molière's work has been written than that by Romain Rolland:

La musique jette dans le *Sicilien* le scintillement et la griserie d'une nuit italienne, d'une mascarade d'amour. Elle enveloppe le cerveau d'une atmosphère d'ivresse, où les êtres vivants peu à peu se déforment, sortent du monde réel, prennent des proportions fantastiques. Ainsi dans le *Malade* et le *Bourgeois gentilhomme*, où la comédie si franchement réaliste d'abord, se grise de sa santé, et finit dans le rire colossal de Pantagruel. Loin d'y sentir une déchéance de la grande comédie, j'y vois son fort épanouissement, une épopée de la belle humeur et de la bouffonnerie. La musique n'ajoute pas peu d'ampleur à cette magnificence du rire; surtout elle le rend possible; elle désarme la critique; elle livre la raison aux folies des sens. En même temps, elle adoucit l'ironie; elle enlève à la parole railleuse ce qu'elle a toujours d'un peu sec; elle enrichit le spectacle de tout le luxe mondain des danses et des sons. Elle fait du théâtre comique le reflet de la vie, mais d'une vie joyeuse et élégante, ornée de tout ce que la réalité a de parures pour les sens, et où le ridicule, la maladie, la mort même, ne sont que jeux plaisants, propres à donner à l'homme le rire fort et sain.[1]

3. The Philosophical Background to the Comedy

While Molière's comic style is essentially not that of realism, there is no doubting the reality of the basic characteristics which he ascribes to the practices of the medical profession of his day. In a succession of plays, Molière returns again and again to the charge that medicine is 'une des plus grandes erreurs qui soit parmi les hommes'[2] or, as Béralde puts it: 'une des plus grandes folies qui soit parmi les hommes', adding: 'et à regarder les

[1] *Histoire de l'Opéra en Europe*, 1895, pp. 270-2. [2] *Dom Juan*, Act III, sc. I.

choses en philosophe, je ne vois point de plus plaisante mômerie, je ne vois rien de plus ridicule qu'un homme qui se veut mêler d'en guérir un autre'.

It is true that Molière is mostly using stock jokes, which can be found occurring in innumerable contexts from earliest times —in Aristophanes and Plautus, Martial and Juvenal, Petrarch, Rabelais and Montaigne. It is, for instance, the latter's *Essais* that supply the detail in Act II, scene VI, where Diafoirus orders Argan to put only an even number of grains of salt in an egg, whereas pills should be taken only in odd numbers. But it is equally clear from all the available evidence that the substance of criticism underlying the old jokes remained as valid as ever in the seventeenth century. In spite of the vast parade of doctrines, real knowledge was pitifully small. Guy Patin, one of the leading doctors and, at one time, Dean of the Paris Faculty, spoke for his profession when he declared in a letter of 23 November 1669: 'Les beaux et bons secrets de notre métier sont dans les aphorismes et le prognostic d'Hippocrate et dans la méthode de Galien, avec le livre de la saignée.' [1]

Although the Middle Ages brought a host of modifications and neo-Aristotelian *nuances*, the basic framework of ideas was still Galen's theory of the four humours—blood, phlegm, choler (yellow bile) and melancholy (black bile)—of which the relative proportions in the body were held to regulate man's physical and moral qualities. In accordance with this, the normal methods of treatment were purges (by senna, rhubarb and cassia) and bleeding, both theoretically supposed to keep the humours in proper balance. Patin, for example, was obsessed by the prime importance of bleeding and wrote almost lyrically: 'La sainte et salutaire saignée commence à s'épandre heureusement par toute la France . . . Il n'y a pas de remèdes au monde qui fassent tant de miracles que la saignée.' [2]

---

[1] Cf. Pierre Pic: *Guy Patin*, 1911, p. 99.
[2] Letters of 29 April 1644, and 7 April 1645 (op. cit., p. 75).

He boasts how he has bled one patient ten times in two days, and how the method has been applied with equal regularity to men of eighty years and babies of no more than three months old.[1] That Molière was not exaggerating in the number and kind of remedies taken by Argan is made abundantly clear by the fact that Louis XIV himself, in obedience to his doctor, Bouvard, was subjected to 215 doses of medicine, 212 enemas and 47 bleedings in one single year.

The most outstanding reason why so little progress had been made in medical knowledge was that there was virtually no experimental tradition. The only corpses available for dissection were those of executed criminals; clinical study of the sick occupied only a minimal rôle in the student's programme; surgery was strictly proscribed as being mere manual labour and therefore incompatible with the dignity of the profession; in fact, the whole emphasis was upon oratorical brilliance and the ability to manipulate a set of ready-made, preconceived formulae, drawn from classical authorities, the real basis of therapeutics being metaphysical rather than scientific.[2]

Given these enormous shortcomings, it is not surprising that cynicism about the doctor's functions was widespread—even less surprising in the case of a man such as Molière whose bad health made the question so much more vital to him. Yet when Béralde launches his attack upon medicine, the terms in which he expresses himself are not dictated by an isolated personal

---

[1] 'Nous guérissons nos malades après quatre-vingts ans par la saignée, et saignons aussi fort heureusement les enfants de deux et trois mois, sans aucun inconvénient.' For still more details, see M. Raynaud, op. cit., p. 183 *et passim.*

[2] Cf. Raynaud, op. cit., p. 30: 'Jamais richesse plus stérile ne fit plus complète illusion sur la pauvreté réelle du fond . . . Allez en effet au fond des choses et vous apercevrez bien vite que cette longue série de solutions savamment exposées et discutées n'est en réalité que le programme des questions à résoudre. Partout au phénomène réel est substituée l'idée abstraite d'une qualité vraie ou fausse; c'est cette idée et non le phénomène lui-même qui fait l'objet de l'analyse; c'est la logique mise à la place de l'expérience.'

grievance: they reveal a very coherent philosophical attitude which has a long-established tradition behind it and which extends its arguments far beyond the immediate problem of man's medical competence. And the clue to the origins and nature of this attitude is found, once again, in the fact that Molière has taken some of his material in this context from Montaigne's *Essais*.[1] When Béralde develops the idea that the mechanism of the human body remains essentially a mystery, that the ultimate secrets of life are hidden from human eyes and that man's only remedy for present disorders is a patient faith in the overall pattern of order in Nature, he is voicing the essentials of Montaigne's moral philosophy, which itself is deeply rooted in the Sceptic traditions of antiquity.

The most influential single source of this Scepticism in the French Renaissance was the work of the Greek philosopher, Sextus Empiricus, whose *Hypotyposes*, written about A.D. 200, became known in manuscript form in fifteenth-century Italy and were first published in a Latin edition by Henri Estienne in 1562. It was from this book that Montaigne drew most heavily when he wrote the major French statement of the doctrine in his essay entitled 'L'Apologie de Raimond Sebond'.[2]

In this and other essays, Montaigne develops a full-scale onslaught upon the schools of rationalist and dogmatic philosophers who make extravagant claims for human reason and its capacity to solve the mysteries of life. His demonstration is conducted and argued partly on historical, partly on epistemological grounds. Any review of the past shows, first of all, that man has constantly claimed to have reached the truth on all the basic questions of knowledge, but that every claim has subsequently been disputed by fresh theories. The real truth is that, whatever the question, whether it be one of moral values, scientific or metaphysical principles, there is no commonly-accepted solution.

[1] Notes to the text give precise references.
[2] *Essais*, Book II, chapter 12.

Secondly, Montaigne argues that reason itself is totally unreliable as an instrument of knowledge, being 'ployable et accommodable à tous biais et à toutes mesures'. Objective knowledge is impossible about the external world, because there is no way for man to check the evidence of the senses, and these senses are subject to an infinite number of distortions caused by such factors as fluctuations in health or changes in age. Like the original Sceptics, whose epistemology he reproduces, Montaigne's final conclusion is that man should practise a suspension of belief and accept with humility his own limitations. Instead of rigid dogmatic attitudes—as exemplified in Béralde's description of Purgon, with his 'impétuosité de prévention', his 'raideur de confiance', his 'brutalité de sens commun et de raison'—we should show reverence for facts: 'l'évidence des effets'; that is, we should be empiricists. What Béralde objects to in contemporary doctors is precisely that, where we look for effects, they have only hollow promises to offer: 'Toute l'excellence de leur art consiste en un pompeux galimatias, en un spécieux babil, qui vous donne des mots pour des raisons et des promesses pour des effets.'

Béralde does not, therefore, completely shut the door to any possibility of progress in medical knowledge; his point is that, as the observable facts stand at the moment, there are no grounds for belief: 'les ressorts de notre machine sont des mystères, *jusques ici*, où les hommes ne voient goutte'.

Molière thus gives to Béralde a position which strongly echoes that of the most eminent philosophical disciple of Montaigne in the seventeenth century: Pierre Gassendi (1592–1655). Like his master, Gassendi developed all the sceptical theses in his attacks on the Aristotelians, yet he remained open-minded and positivistic in his attitude to scientific progress. This attitude is most concisely summed up in the following passage of a letter he wrote in 1634, where the sense is virtually identical to that expressed by Béralde: 'Je ne dirai pas que la vérité des choses soit impossible à comprendre, mais du moins il me semble pouvoir dire qu'elle n'a *jusqu'ici* jamais été comprise.'[1]

The importance of this basically Sceptic attitude goes, however, far beyond the limited question of medicine, for it colours and determines Molière's whole approach to life and gives his comedies their rich moral texture. At the same time, it situates his work in the mainstream of humanistic thought as shaped by the greatest of Renaissance thinkers, Erasmus of Rotterdam, and largely transmitted to France via Montaigne. Its fundamental characteristic is a realistic acceptance of the innate limitations of human nature, from which springs a serene irony at the spectacle of the follies of mankind. Just as we must reconcile ourselves to the fact of man's physical vulnerability and mortality, so it is useless to fight against the moral imperfections. The high-flown *sagesse* of Alceste, in *Le Misanthrope*, with his impossibly high standards of behaviour, is out of all proportion to the human condition, and his intransigent moral dogmatism is countered in the arguments of the more balanced Philinte, whose resignation and pleas for 'patience' anticipate the essence of the position adopted later by Béralde:

> Mon Dieu, des mœurs du temps mettons-nous
>   moins en peine,
> Et faisons un peu grâce à la nature humaine;
> Ne l'examinons point dans la grande rigueur,
> Et voyons ses défauts avec quelque douceur.
> Il faut, parmi le monde, une vertu traitable;
> A force de sagesse, on peut être blâmable;
> La parfaite raison fuit toute extrémité
> Et veut que l'on soit sage avec sobriété.
> Cette grande raideur des vertus des vieux âges
> Heurte notre siècle et les communs usages;

[1] Quoted by Henri Berr: *Du Scepticisme de Gassendi*, 1960, p. 66 (the italics are mine). It is typical of Gassendi that, having initially resisted the new ideas on the circulation of the blood, he humbly announced his conversion once the process was demonstrated in an anatomical dissection.

Elle veut aux mortels trop de perfection:
Il faut fléchir au temps sans obstination;
Et c'est une folie à nulle autre seconde
De vouloir se mêler de corriger le monde.[1]

It is not, I think, an exaggeration to say that Molière's comic work is inconceivable without such a foundation of Scepticism. It was this philosophical attitude which revealed to him the basic incongruities of human nature—its extravagant pretensions to dignity and importance, together with its innate *faiblesse*—as well as the essentially comic perspective: man is 'absurd', because everything in him reflects the *contingency* of all phenomena. And what contributes above all else to this sense of universal contingency in human activity is the stress which Molière places upon the self-interest that lies hidden behind man's every action. The poet's fellow-actor, Brécourt, helps to illustrate this point when he says, in the assessment of Molière's achievement shortly after the latter's death:

Il attaqua les mœurs et se mit inconsidérément à blâmer toutes les sottises du monde... Il dévoila les mystères de chaque chose: fit connaître publiquement quel intérêt faisait agir les hommes et fit si bien enfin que, par les lumières qu'il en donnait, on commençait de bonne foi à trouver presque toutes les choses de la vie un peu ridicules.[2]

The final impression that emerges from his work, therefore, is that which was formulated by Montaigne: 'Je ne pense point qu'il y ait tant de malheur en nous comme il y a de vanité, ni tant de malice comme de sottise.' [3]

[1] *Le Misanthrope*, Act I, sc. I. In my article: 'Essai de définition du comique moliéresque', I have traced precise analogies with Philinte's argument in Erasmus's *Praise of Folly* (1508).

[2] *L'Ombre de Molière.* The *achevé d'imprimer* of this comedy is dated 2 May 1674.

By far the most penetrating book on Montaigne is that of the German scholar, Hugo Friedrich: *Montaigne*, Berne, 1949, where a full discussion will be found of the links between Scepticism and the concept of contingency.

[3] Cf. also the same comic vision that is expressed by another of the leading

According to the testimony of those who knew him person-
ally, Molière was not a naturally gay person; rather, there was
a deeply serious streak in his nature that made him easily prone
to melancholy. If that is the case, his work seems to have
exercised for him a therapeutic function, acting as a means of
coming to terms philosophically with life's disorders. Whether
or not Molière wrote the *Lettre sur la comédie de l'Imposteur*,
there is little doubt that he subscribed to the sentiments expressed
in one of its passages:

N'étant pas assez fort pour résister aux mauvais exemples du siècle,
je m'accoutume insensiblement, Dieu merci, à rire de tout comme les
autres, et à ne regarder toutes les choses qui se passent dans le monde
que comme les diverses scènes de la grande comédie qui se joue sur
la terre entre les hommes.[1]

4. The Text

It was on 17 February 1673, exactly one week after the first
performance of *Le Malade imaginaire*, that Molière died, and the
circumstances of his death are described in the Preface to the
1682 edition of the play:

Le 17e février, jour de la quatrième représentation du *Malade
imaginaire*, [Molière] fut si fort travaillé de sa fluxion, qu'il eut de la
peine à jouer son rôle: il ne l'acheva qu'en souffrant beaucoup, et le
public connut aisément qu'il n'était rien moins que ce qu'il avait voulu
jouer: en effet, la comédie étant faite, il se retira promptement chez
lui; et à peine eut-il le temps de se mettre au lit, que la toux con-
tinuelle dont il était tourmenté redoubla sa violence. Les efforts qu'il
fit furent si grands, qu'une veine se rompit dans ses poumons. Aussitôt
qu'il se sentit en cet état, il tourna toutes ses pensées du côté du Ciel;

French seventeenth-century Sceptic philosophers, Molière's friend, La Mothe le
Vayer: 'Toute notre vie n'est, à le bien prendre, qu'une fable, notre connaissance
qu'une ânerie, nos certitudes que des contes: bref, tout ce monde qu'une farce et
perpétuelle comédie' (*Quatre Dialogues*, 1630).
[1] op. cit., p. 566.

un moment après, il perdit la parole et fut suffoqué en demie heure par l'abondance du sang qu'il perdit par la bouche.

Molière's sudden death no doubt accounts for the problems surrounding the publication of *Le Malade imaginaire*. Originally, in 1673, only the *livret* giving the words of the musical interludes (first Prologue and *intermèdes*) was printed; substantially the same *livret* reappeared in 1674, except that a new Prologue replaced the one which had figured in the 1673 version.

The first edition purporting to give the three acts of the comedy proper was a pirated text, put out by Daniel Elzevir at Amsterdam in 1674. Apart from the Prologues and *intermèdes*, which were copied from the original *livrets*, this version is obviously completely inaccurate: for instance, even the names of the major characters of the play are wrongly transcribed, Argan being given as Orgon, Purgon as Turbon, &c. It is clear that the whole play has been re-written from memory.

In the same year, two more pirated versions appeared, one published in Cologne by Jean Sambix, another in Paris (though the Paris imprint was probably a false front for a Dutch press). These two editions offer much the same version, and it is manifestly more accurate than Elzevir's. The Cologne editor says that he has got his text from someone who had seen the play several times and who had copied it down from memory; but he adds: 'Les scènes en ont été transcrites avec tant d'exactitude et le jeu observé si régulièrement où il est nécessaire, que l'on ne trouvera pas un mot omis ni transposé.' It seems certain, in fact, that the Cologne version of 1674 was based largely on a genuine manuscript, since an almost identical text was printed in Paris in 1675 by Thierry and Barbin. The latter had already published a six-volume edition of Molière's work in 1674, and their version of *Le Malade imaginaire* was issued as a seventh volume to complete the series.

It was not until 1682 that a definitive text of the play was made available by Molière's close friend and fellow-actor, La Grange, who, in collaboration with Vivot, edited the whole of Molière's theatre. Their version of his last play has, they say, been 'corrigée, sur l'original de l'auteur, de toutes les fausses additions et suppositions de scènes entières faites dans les éditions précédentes'. The major differences between the 1675 and 1682 texts are in Act I, scenes VII and VIII, and the whole of Act III. In all three cases, the 1682 editors reiterate in the text itself that the earlier versions are *not* 'de la prose de M. Molière' and that their own is 'rétablie sur l'original de l'auteur'. Given La Grange's long and intimate association with Molière, there is every reason to accept his statement.

Certain well-known critics have since questioned the superiority of the 1682 edition,[1] but it is unequivocally championed by the most authoritative of Molière's subsequent editors, Eugène Despois and Paul Mesnard.[2] The present editor shares their opinion, and the decision to print here the 1682 text can perhaps be justified by the following brief examples of its superiority to that of 1675:

(*a*) In Act I, scene VII, the satire of the legal profession is less incisive in the 1675 version. For instance, this version omits the Notary's argument why Argan should prefer his help to that of an *avocat*: 'Il y a d'autres personnes à consulter qui sont bien plus accommodants, qui ont des expédients pour passer doucement par-dessus la loi et rendre juste ce qui n'est pas permis, qui savent aplanir les difficultés d'une affaire et trouver les moyens d'éluder la Coutume par quelque avantage indirect.'

---

[1] Notably Louis Lacour and Paul Lacroix. The former expresses his support for the 1675 version in his own edition of the play (Jouaust, 1877), p. xviii: 'Il faut revenir au texte de 1675 écrit dans un style aussi châtié que dramatique, pour avoir la véritable expression de la pensée de Molière.'

Paul Lacroix also opts for the 1675 text, in his *Bibliographie moliéresque*, 2nd edition, 1875, p. 24. Neither he nor Lacour makes any real attempt to justify his views.

[2] *Œuvres de Molière*, ed. Despois and Mesnard, 1886, t. IX, p. 254. In this same volume, the editors reproduce the full text of the major variants of the 1675 edition (pp. 454–81).

Moreover, the comic force of the 1675 text is diminished by the omission from this scene of several of Béline's hypocritical lamentations at the thought of Argan's possible death.

(*b*) In Act III, scene III, the 1675 version lacks some of the more striking of Béralde's phrases describing M. Purgon, notably: '[C'est un homme] qui ne voit rien d'obscur dans la médecine, rien de douteux, rien de difficile, et qui, avec une impétuosité de prévention, une raideur de confiance, une brutalité de sens commun et de raison . . . ne balance aucune chose. Il ne lui faut point vouloir mal de tout ce qu'il pourra vous faire; c'est de la meilleure foi du monde qu'il vous expédiera . . .'

(*c*) In Act III, scene III, all the specific references by Béralde to Molière's own health ('il n'a justement de la force que pour porter son mal', &c.) are omitted in the 1675 text, where it is to the *comédiens* as a whole that Argan utters his threats: 'Crevez, crevez, crevez, mes petits messieurs; cela vous apprendra à vous moquer une autre fois de la Faculté.' This is exactly the kind of change that one could imagine the players introducing after Molière's death, when the original version would have been much too painful to retain.

(*d*) In Act III, scene XI, the 1675 edition lacks the profoundly comic reaction of Argan to the suggestion that he should feign death in order to test Béline's affection for him: 'N'y a-t-il point quelque danger à contrefaire le mort?'

The only changes made in this edition to the 1682 text are that obvious misprints have been corrected, spelling and accents have been modernized, and an occasional stage-direction from other editions has been added.

SUMMARY OF THE LIFE
OF MOLIÈRE

*(This summary is not intended to provide a complete bibliography
of Molière's work)*

1622 Exact date of birth unknown. Baptized 15 January in Paris, son of
Jean Poquelin, a rich merchant upholsterer who became *tapissier
ordinaire du Roi* in 1631.

1633?–1639 Educated at the Jesuit Collège de Clermont (now the *lycée*
Louis-le-Grand).

1642 After law-studies, obtains his *licence* at Orléans.

1643 Renounces succession to his father as *tapissier du Roi* and, in June,
joins a newly-formed theatrical troupe: the Illustre Théâtre, in Paris.

1644 Adopts the name Molière.

1645–1658 After imprisonment for debt, Molière and troupe leave Paris
to tour the provinces, enjoying patronage of the Prince de Conti
(1653–7).

1655 Molière's first full-length comedy, *L'Étourdi*, acted at Lyons.

1656 *Le Dépit amoureux* acted at Béziers.

1658 The company returns to Paris and shares the Petit-Bourbon theatre
with the Italian players of the *commedia dell'arte*. Patronage of the
King's brother, Philippe d'Orléans.

1659 November 18: triumphant performance of *Les Précieuses ridicules*.

1660 *Sganarelle ou le Cocu imaginaire*.
Molière, following the death of his brother, resumes his right of
succession to his father as *tapissier et valet de chambre du Roi*.

1661 The company is forced to move to a new theatre, the Palais-Royal.
This is followed by the failure of Molière's *Dom Garcie de Navarre*
(February), probably caused by the uncertain mixture of comic and
tragic elements in the play. 23 June: success of *L'École des maris*.

1662 20 February: Molière marries Armande Béjart, aged about 20.
First performance of *L'École des femmes* (December).

1663 Molière receives a royal pension of 1,000 *livres*.
La Critique de l'École des femmes (June) and *L'Impromptu de
Versailles* (October).

1664 Birth of Molière's first child, Louis, who only survives a few months.
The King acts as godfather.
Performance of three acts of *Tartuffe* (May), followed by ban on the
play. Full five-act version acted in private in November.

1665 First performance of *Dom Juan* (February). The play is soon with-
drawn and never put on again by Molière.
3 August: birth of Molière's daughter, Esprit-Magdeleine (d. 1723).
Molière's company becomes the *Troupe du Roi* and the annual
pension is increased to 6,000 *livres.*
14 September: *L'Amour médecin.*

1666 January–February: serious illness of Molière.
6 June: *Le Misanthrope.*
6 August: *Le Médecin malgré lui.*

1667 Public performance of *Tartuffe* (re-titled: *L'Imposteur*), followed
by renewed ban.

1668 13 February: *Amphytrion.*
18 July: *George Dandin.*
9 September: *L'Avare.*

1669 5 February: first authorized public performance of *Tartuffe.*
7 October: *Monsieur de Pourceaugnac.*

1670 *Le Bourgeois gentilhomme* (November).

1671 14 May: *Les Fourberies de Scapin.*
2 August: *La Comtesse d'Escarbagnas.*

1672 *Les Femmes savantes* (March).
Molière's third child born in September, surviving only one month.

1673 10 February: first performance of *Le Malade imaginaire.*
17 February: death of Molière.

SELECT BIBLIOGRAPHY

Most of the more important of Molière's own works have been referred to in the preceding summary of the poet's life. The best complete critical edition is that of Eugène Despois and Paul Mesnard (Collection des Grands Écrivains de la France), Hachette, Paris, 1873–1900, 13 vols.

(*a*) BOOKS

L. Moland, *Molière et la comédie italienne*, Paris, 1867.

E. Rigal, *Molière*, 2 vols., Paris, 1908.

M. Pellisson, *Les Comédies-ballets de Molière*, Paris, 1914.

G. Michaut, *La Jeunesse de Molière*, Paris, 1922.

     Les Débuts de Molière à Paris, Paris, 1923.

     Les Luttes de Molière, Paris, 1925.

(These three volumes provide an exhaustive study of Molière's life and work up to *Le Misanthrope*.)

C. S. Gutkind, *Molière und das komische Drama*, 1928.

R. Fernandez, *La Vie de Molière*, Paris, 1930. (Probably the most brilliant study of the influence of Molière's life upon his plays.)

V. Vedel, *Deux Classiques français vus par un critique étranger. Corneille et son temps. Molière*, Paris, 1935.

D. Mornet, *Molière*, Paris, 1943.

P. Bénichou, *Morales du Grand Siècle*, Paris, 1948. (The chapter on Molière's *morale* is the best available study of the subject.)

W. G. Moore, *Molière, a New Criticism*, Oxford, 1949.

G. Mongrédien, *La Vie privée de Molière*, Paris, 1950. (A careful sifting of all the autobiographical evidence.)

A. Adam, *Histoire de la littérature française au XVIIe siècle*, t. III, Paris, 1952. (The 200 pages devoted to Molière form one of the best studies available.)

R. Bray, *Molière, homme de théâtre*, Paris, 1954. (A fascinating account of Molière's activity as theatrical writer, actor and producer; but some of the critical ideas need treating with caution.)

J. D. Hubert, *Molière and the Comedy of Intellect*, Berkeley and Los Angeles, 1962.

P. H. Nurse, *Classical Voices: Studies of Corneille, Racine, Molière and Mme de Lafayette*, London 1971.

R. Garapon, *Le Dernier Molière: Des Fourberies de Scapin au Malade Imaginaire*, Paris 1977.

(*b*) ARTICLES

G. Lanson, 'Molière et la farce', *Revue de Paris*, 1 May 1901.

A. Lefranc, 'Molière et la médecine', *Revue des Cours et Conférences*, 11 March 1909.

R. Jasinski, 'Sur Molière et la médecine', in *Mélanges Vianey*, 1934, pp. 249–54.

R. Garapon, 'Sur les dernières comédies de Molière', *L'Information littéraire*, Jan.–Feb. 1958.

L.-R. Plazolles, 'Molière contre la médecine de son temps', *L'École*, 21 Oct. 1961.

J. Morel, 'Molière ou la dramaturgie de l'honnêteté', *L'Information littéraire*, Nov.–Dec. 1963.

P. H. Nurse, 'Essai de définition du comique moliéresque', *Revue des Sciences Humaines*, Jan.–March 1964.

C. Francois, 'Médicine et religion chez Molière: deux facettes d'une même absurdtié', *The French Review*, April 1969, pp. 665-672.

MOLIÈRE

LE MALADE
IMAGINAIRE

ACTEURS

ARGAN,[1] malade imaginaire.

BÉLINE, seconde femme d'Argan.

ANGÉLIQUE, fille d'Argan et amante de Cléante.

LOUISON, petite fille d'Argan et sœur d'Angélique.

BÉRALDE, frère d'Argan.

CLÉANTE, amant[2] d'Angélique.

MONSIEUR DIAFOIRUS, médecin.

THOMAS DIAFOIRUS,[3] son fils et amant d'Angélique.

MONSIEUR PURGON, médecin d'Argan.

MONSIEUR FLEURANT, apothicaire.

MONSIEUR BONNEFOI, notaire.

TOINETTE, servante.

La scène est à Paris.

Le Malade imaginaire

COMÉDIE MÉLÉE DE MUSIQUE ET DE DANSES

LE PROLOGUE

Après les glorieuses fatigues et les exploits victorieux de notre auguste mos narque, il est bien juste que tous ceux qui se mêlent d'écrire travaillent ou à se-louanges ou à son divertissement. C'est ce qu'ici l'on a voulu faire, et ce prologue est un essai des louanges de ce grand prince, qui donne entrée à la comédie du *Malade imaginaire,* dont le projet a été fait pour le délasser de ses nobles travaux. (*La décoration représente un lieu champêtre, et néanmoins fort agréable.*)

ÉGLOGUE[1]

EN MUSIQUE ET EN DANSE

FLORE, PAN, CLIMÈNE, DAPHNÉ, TIRCIS, DORILAS, DEUX ZÉPHYRS, TROUPE DE BERGÈRES ET DE BERGERS.

FLORE

Quittez, quittez vos troupeaux,
Venez, bergers, venez, bergères,
Accourez, accourez sous ces tendres ormeaux;
Je viens vous annoncer des nouvelles bien chères
Et réjouir tous ces hameaux.
Quittez, quittez vos troupeaux,
Venez, bergers, venez, bergères,
Accourez, accourez sous ces tendres ormeaux.

CLIMÈNE ET DAPHNÉ

Berger, laissons là tes feux,
Voilà Flore qui nous appelle.

TIRCIS ET DORILAS
Mais au moins dis-moi, cruelle,

TIRCIS
Si d'un peu d'amitié tu payeras mes vœux.

DORILAS
Si tu seras sensible à mon ardeur fidèle.

CLIMÈNE ET DAPHNÉ
Voilà Flore qui nous appelle.

TIRCIS ET DORILAS
Ce n'est qu'un mot, un mot, un seul mot que je veux.

TIRCIS
Languirai-je toujours dans ma peine mortelle?

DORILAS
Puis-je espérer qu'un jour tu me rendras heureux?

CLIMÈNE ET DAPHNÉ
Voilà Flore qui nous appelle.

——————

ENTRÉE DE BALLET

Toute la troupe des bergers et des bergères va se placer en cadence autour de Flore.

CLIMÈNE
Quelle nouvelle parmi nous,
Déesse, doit jeter tant de réjouissance?

DAPHNÉ
Nous brûlons d'apprendre de vous
Cette nouvelle d'importance.

DORILAS
D'ardeur nous en soupirons tous.

TOUS ENSEMBLE

Nous en mourons d'impatience.

FLORE

La voici; silence, silence!
Vos vœux sont exaucés, LOUIS est de retour;
Il ramène en ces lieux les plaisirs et l'amour,
Et vous voyez finir vos mortelles alarmes;
Par ses vastes exploits son bras voit tout soumis,
Il quitte les armes
Faute d'ennemis.

TOUS

Ah! quelle douce nouvelle!
Qu'elle est grande! qu'elle est belle!
Que de plaisirs, que de ris, que de jeux!
Que de succès[2] heureux!
Et que le ciel a bien rempli nos vœux!
Ah! quelle douce nouvelle!
Qu'elle est grande! qu'elle est belle!

AUTRE ENTRÉE DE BALLET

Tous les bergers et bergères expriment par des danses les transports de leur joie.

FLORE

De vos flûtes bocagères
Réveillez les plus beaux sons:
LOUIS offre à vos chansons
La plus belle des matières.
Après cent combats
Où cueille son bras
Une ample victoire,
Formez entre vous
Cent combats plus doux
Pour chanter sa gloire.

TOUS

Formons entre nous
Cent combats plus doux
Pour chanter sa gloire.

FLORE

Mon jeune amant, dans ce bois,
Des présents de mon empire
Prépare un prix à la voix
Qui saura le mieux vous dire
Les vertus et les exploits
Du plus auguste des rois.

CLIMÈNE

Si Tircis a l'avantage,

DAPHNÉ

Si Dorilas est vainqueur,

CLIMÈNE

A le chérir je m'engage.

DAPHNÉ

Je me donne à son ardeur.

TIRCIS

O trop chère espérance!

DORILAS

O mot plein de douceur!

TOUS DEUX

Plus beau sujet, plus belle récompense,
Peuvent-ils animer un cœur?

Les violons jouent un air pour animer les deux bergers au combat, tandis que Flore, comme juge, va se placer au pied d'un bel arbre qui est au milieu du théâtre, avec deux Zéphyrs, et que le reste, comme spectateurs, va occuper les deux côtés de la scène.

TIRCIS

Quand la neige fondue enfle un torrent fameux,
Contre l'effort soudain de ses flots écumeux
            Il n'est rien d'assez solide;
            Digues, châteaux, villes et bois,
            Hommes et troupeaux à la fois,
            Tout cède au courant qui le guide.
            Tel, et plus fier,[3] et plus rapide,
            Marche LOUIS dans ses exploits.

BALLET

Les bergers et bergères du côté de Tircis dansent autour de lui, sur une ritour-
nelle, pour exprimer leurs applaudissements.

DORILAS

Le foudre[4] menaçant qui perce avec fureur
L'affreuse obscurité de la nue enflammée
            Fait d'épouvante et d'horreur
            Trembler le plus ferme cœur;
            Mais à la tête d'une armée
            LOUIS jette plus de terreur.

BALLET

Les bergers et bergères du côté de Dorilas font de même que les autres.

TIRCIS

Des fabuleux exploits que la Grèce a chantés,
Par un brillant amas de belles vérités,
            Nous voyons la gloire effacée;
            Et tous ces fameux demi-dieux
            Que vante l'histoire passée
            Ne sont point à notre pensée
            Ce que LOUIS est à nos yeux.

BALLET

Les bergers et bergères de son côté font encore la même chose.

DORILAS

LOUIS fait à nos temps, par ses faits inouïs,
Croire tous les beaux faits que nous chante l'histoire
Des siècles évanouis;
Mais nos neveux,[5] dans leur gloire,
N'auront rien qui fasse croire
Tous les beaux faits de LOUIS.

BALLET

Les bergères de son côté font encore de même, après quoi les deux partis se mêlent.

PAN, *suivi de six faunes.*

Laissez, laissez, bergers, ce dessein téméraire;
Hé! que voulez-vous faire?
Chanter sur vos chalumeaux
Ce qu'Apollon sur sa lyre,
Avec ses chants les plus beaux,
N'entreprendrait pas de dire?
C'est donner trop d'essor au feu qui vous inspire,
C'est monter vers les cieux sur des ailes de cire,[6]
Pour tomber dans le fond des eaux.
Pour chanter de LOUIS l'intrépide courage,
Il n'est point d'assez docte voix,
Point de mots assez grands pour en tracer l'image;
Le silence est le langage
Qui doit louer ses exploits.
Consacrez d'autres soins à sa pleine victoire,
Vos louanges n'ont rien qui flatte ses désirs,
Laissez, laissez là sa gloire,
Ne songez qu'à ses plaisirs.

TOUS

Laissons, laissons là sa gloire,
Ne songeons qu'à ses plaisirs.

FLORE

Bien que, pour étaler ses vertus immortelles,
La force manque à vos esprits,
Ne laissez pas tous deux de recevoir le prix.
Dans les choses grandes et belles,
Il suffit d'avoir entrepris.

ENTRÉE DE BALLET

Les deux Zéphyrs dansent avec deux couronnes de fleurs à la main, qu'ils
viennent donner ensuite aux deux bergers.

CLIMÈNE ET DAPHNÉ, *en leur donnant la main.*

Dans les choses grandes et belles,
Il suffit d'avoir entrepris.

TIRCIS ET DORILAS

Ah! que d'un doux succès notre audace est suivie!

FLORE ET PAN

Ce qu'on fait pour LOUIS, on ne le perd jamais.

LES QUATRE AMANTS

Au soin de ses plaisirs donnons-nous désormais.

FLORE ET PAN

Heureux, heureux qui peut lui consacrer sa vie!

TOUS

Joignons tous dans ces bois
Nos flûtes et nos voix,
Ce jour nous y convie,
Et faisons aux échos redire mille fois:
LOUIS est le plus grand des rois.
Heureux, heureux qui peut lui consacrer sa vie

DERNIÈRE ET GRANDE ENTRÉE DE BALLET

Faunes, bergers et bergères, tous se mêlent, et il se fait entre eux des jeux de danse après quoi ils se vont préparer pour la comédie.

AUTRE PROLOGUE[1]

Votre plus haut savoir n'est que pure chimère,
Vains et peu sages médecins;
Vous ne pouvez guérir, par vos grands mots latins,
La douleur qui me désespère:
Votre plus haut savoir n'est que pure chimère.

Hélas! hélas! je n'ose découvrir
Mon amoureux martyre
Au berger pour qui je soupire,
Et qui seul peut me secourir.
Ne prétendez pas le finir,
Ignorants médecins; vous ne sauriez le faire:
Votre plus haut savoir n'est que pure chimère.

Ces remèdes peu sûrs, dont le simple vulgaire
Croit que vous connaissez l'admirable vertu,
Pour les maux que je sens n'ont rien de salutaire,
Et tout votre caquet ne peut être reçu
Que d'un MALADE IMAGINAIRE.
Votre plus haut savoir n'est que pure chimère,
Vains et peu sages médecins, etc.

(Le théâtre change et représente une chambre.)

ACTE I

ARGAN, *seul dans sa chambre, assis, une table devant lui, compte des parties[1] d'apothicaire avec des jetons; il fait, parlant à lui-même, les dialogues suivants.* — Trois et deux font cinq, et cinq font dix, et dix font vingt. Trois et deux font cinq. «Plus, du vingt-quatrième, un petit clystère insinuatif,[2] préparatif et rémollient,[3] pour amollir, humecter et rafraîchir les entrailles de monsieur.» Ce qui me plaît de monsieur Fleurant, mon apothicaire, c'est que ses parties sont toujours fort civiles. «Les entrailles de monsieur, trente sols.» Oui; mais, monsieur Fleurant, ce n'est pas tout que d'être civil, il faut être aussi raisonnable et ne pas écorcher les malades. Trente sols un lavement! Je suis votre serviteur, je vous l'ai déjà dit. Vous ne me les avez mis dans les autres parties qu'à vingt sols, et vingt sols en langage d'apothicaire, c'est-à-dire dix sols; les voilà, dix sols. «Plus, dudit jour, un bon clystère détersif,[4] composé, avec catholicon double,[5] rhubarbe, miel rosat et autres, suivant l'ordonnance, pour balayer, laver et nettoyer le bas-ventre de monsieur, trente sols.» Avec votre permission, dix sols. «Plus, dudit jour, le soir, un julep[6] hépatique, soporatif et somnifère, composé pour faire dormir monsieur, trente-cinq sols.» Je ne me plains pas de celui-là, car il me fit bien dormir. Dix, quinze, seize et dix-sept sols six deniers. «Plus, du vingt-cinquième, une bonne médecine purgative et corroborative,[7] composée de casse récente avec séné levantin et autres, suivant l'ordonnance de monsieur Purgon, pour expulser et évacuer la bile de monsieur, quatre livres.» Ah! monsieur Fleurant, c'est se moquer, il faut vivre[8] avec les malades. Monsieur Purgon ne vous a pas ordonné de mettre quatre francs. Mettez, mettez trois livres, s'il vous plaît. Vingt et trente sols. «Plus, dudit jour, une potion anodine et astringente pour faire reposer monsieur, trente sols.»

Bon… dix et quinze sols. «Plus, du vingt-sixième, un clystère carminatif[9] pour chasser les vents de monsieur, trente sols.» Dix sols, monsieur Fleurant. «Plus le clystère de monsieur réitéré le soir, comme dessus, trente sols.» Monsieur Fleurant, dix sols. «Plus, du vingt-septième, une bonne médecine composée pour hâter d'aller,[10] et chasser dehors les mauvaises humeurs de monsieur, trois livres.» Bon, vingt et trente sols; je suis bien aise que vous soyez raisonnable. «Plus du vingt-huitième, une prise de petit-lait clarifié et dulcoré,[11] pour adoucir, lénifier, tempérer et rafraîchir[12] le sang de monsieur, vingt sols.» Bon, dix sols. «Plus une potion cordiale et préservative, composée avec douze grains de bézoard,[13] sirops de limon et grenade, et autres suivant l'ordonnance, cinq livres.» Ah! monsieur Fleurant, tout doux, s'il vous plaît; si vous en usez comme cela, on ne voudra plus être malade, contentez-vous de quatre francs; vingt et quarante sols. Trois et deux font cinq, et cinq font dix, et dix font vingt. Soixante et trois livres quatre sols six deniers. Si bien donc que, de ce mois, j'ai pris une, deux, trois, quatre, cinq, six, sept et huit médecines, et un, deux, trois, quatre, cinq, six, sept, huit, neuf, dix, onze et douze lavements; et l'autre mois, il y avait douze médecines et vingt lavements. Je ne m'étonne pas si je ne me porte pas si bien ce mois-ci que l'autre. Je le dirai à monsieur Purgon, afin qu'il mette ordre à cela. Allons, qu'on m'ôte tout ceci. Il n'y a personne? J'ai beau dire, on me laisse toujours seul; il n'y a pas moyen de les arrêter ici. (*Il sonne une sonnette pour faire venir ses gens.*) Ils n'entendent point, et ma sonnette ne fait pas assez de bruit. Drelin, drelin, drelin, point d'affaire. Drelin, drelin, drelin, ils sont sourds… Toinette! drelin, drelin, drelin. Tout comme si je ne sonnais point. Chienne! coquine! Drelin, drelin, drelin, j'enrage. (*Il ne sonne plus, mais il crie.*) Drelin, drelin, drelin. Carogne, à tous les diables![14] Est-il possible qu'on laisse comme cela un pauvre malade tout seul! Drelin, drelin, drelin: voilà qui est pitoyable! Drelin, drelin, drelin. Ah! mon Dieu, ils me laisseront ici mourir. Drelin, drelin, drelin!

SCÈNE II: TOINETTE, ARGAN

TOINETTE, *en entrant dans la chambre.* — On y va.

ARGAN. — Ah! chienne! ah! carogne!...

TOINETTE, *faisant semblant de s'être cogné la tête.* — Diantre soit fait de votre impatience! Vous pressez si fort les personnes que je me suis donné un grand coup de la tête contre la carne d'un volet.

ARGAN, *en colère.* — Ah! traîtresse...

TOINETTE, *pour l'interrompre et l'empêcher de crier, se plaint toujours, en disant.* — Ha!

ARGAN. — Il y a...

TOINETTE. — Ha!

ARGAN. — Il y a une heure...

TOINETTE. — Ha!

ARGAN. — Tu m'as laissé...

TOINETTE. — Ha!

ARGAN. — Tais-toi donc, coquine, que je te querelle.

TOINETTE. — Çamon,[1] ma foi, j'en suis d'avis, après ce que je me suis fait.

ARGAN. — Tu m'as fait égosiller,[2] carogne!

TOINETTE. — Et vous m'avez fait, vous, casser la tête; l'un vaut bien l'autre. Quitte à quitte, si vous voulez.

ARGAN. — Quoi! coquine...

TOINETTE. — Si vous querellez, je pleurerai.

ARGAN. — Me laisser, traîtresse...

TOINETTE, *toujours pour l'interrompre.* — Ha!

ARGAN. — Chienne! tu veux...

TOINETTE. — Ha!

ARGAN. — Quoi! il faudra encore que je n'aie pas le plaisir de la quereller?

TOINETTE. — Querellez tout votre soûl: je le veux bien.

ARGAN. — Tu m'en empêches, chienne, en m'interrompant à tous coups.

TOINETTE. — Si vous avez le plaisir de quereller, il faut bien que de mon côté j'aie le plaisir de pleurer: chacun le sien, ce n'est pas trop. Ha!

ARGAN. — Allons, il faut en passer par là. Ote-moi ceci, coquine, ôte-moi ceci.[3] (*Argan se lève de sa chaise.*) Mon lavement d'aujourd'hui a-t-il bien opéré?

TOINETTE. — Votre lavement?

ARGAN. — Oui. Ai-je bien fait de la bile?

TOINETTE. — Ma foi, je ne me mêle point de ces affaires-là; c'est à monsieur Fleurant à y mettre le nez, puisqu'il en a le profit.

ARGAN. — Qu'on ait soin de me tenir un bouillon prêt pour l'autre que je dois tantôt prendre.

TOINETTE. — Ce monsieur Fleurant-là et ce monsieur Purgon s'égayent bien sur votre corps; ils ont en vous une bonne vache à lait, et je voudrais bien leur demander quel mal vous avez, pour vous faire tant de remèdes.

ARGAN. — Taisez-vous, ignorante; ce n'est pas à vous à contrôler les ordonnances de la médecine. Qu'on me fasse venir ma fille Angélique, j'ai à lui dire quelque chose.

TOINETTE. — La voici qui vient d'elle-même; elle a deviné votre pensée.

SCÈNE III: ANGÉLIQUE, TOINETTE, ARGAN

ARGAN. — Approchez, Angélique, vous venez à propos; je voulais vous parler.

ANGÉLIQUE. — Me voilà prête à vous ouïr.

ARGAN, *courant au bassin.* — Attendez. Donnez-moi mon bâton. Je vais revenir tout à l'heure.

TOINETTE, *en le raillant.* — Allez vite, monsieur, allez; monsieur Fleurant nous donne des affaires.[1]

SCÈNE IV: ANGÉLIQUE, TOINETTE

ANGÉLIQUE, *la regardant d'un œil languissant, lui dit confidemment.* — Toinette!

TOINETTE. — Quoi?

ANGÉLIQUE. — Regarde-moi un peu.

TOINETTE. — Hé bien! Je vous regarde.

ANGÉLIQUE. — Toinette!

TOINETTE. — Hé bien, quoi, «Toinette»?

ANGÉLIQUE. — Ne devines-tu point de quoi je veux parler?

TOINETTE. — Je m'en doute assez: de notre jeune amant, car c'est sur lui depuis six jours que roulent tous nos entretiens, et vous n'êtes point bien si vous n'en parlez à toute heure.

ANGÉLIQUE. — Puisque tu connais cela, que n'es-tu donc la première à m'en entretenir, et que ne m'épargnes-tu la peine de te jeter sur ce discours?[1]

TOINETTE. — Vous ne m'en donnez pas le temps, et vous avez des soins là-dessus qu'il est difficile de prévenir.

ANGÉLIQUE. — Je t'avoue que je ne saurais me lasser de te parler de lui, et que mon cœur profite avec chaleur de tous les moments de s'ouvrir à toi. Mais dis-moi, condamnes-tu, Toinette, les sentiments que j'ai pour lui?

TOINETTE. — Je n'ai garde.

ANGÉLIQUE. — Ai-je tort de m'abandonner à ces douces impressions?

TOINETTE. — Je ne dis pas cela.

ANGÉLIQUE. — Et voudrais-tu que je fusse insensible aux tendres protestations de cette passion ardente qu'il témoigne pour moi?

TOINETTE. — A Dieu ne plaise!

ANGÉLIQUE. — Dis-moi un peu, ne trouves-tu pas, comme moi, quelque chose du ciel, quelque effet du destin, dans l'aventure inopinée[1] de notre connaissance?

TOINETTE. — Oui.

ANGÉLIQUE. — Ne trouves-tu pas que cette action d'embrasser ma défense sans me connaître est tout à fait d'un honnête homme?

TOINETTE. — Oui.

ANGÉLIQUE. — Que l'on ne peut en user plus généreusement?

TOINETTE. — D'accord.

ANGÉLIQUE. — Et qu'il fit tout cela de la meilleure grâce du monde?

TOINETTE. — Oh! oui.

ANGÉLIQUE. — Ne trouves-tu pas, Toinette, qu'il est bien fait de sa personne?

TOINETTE. — Assurément.

ANGÉLIQUE. — Qu'il a l'air le meilleur du monde?

TOINETTE. — Sans doute.

ANGÉLIQUE. — Que ses discours, comme ses actions, ont quelque chose de noble?

TOINETTE. — Cela est sûr.

ANGÉLIQUE. — Qu'on ne peut rien entendre de plus passionné que tout ce qu'il me dit?

TOINETTE. — Il est vrai.

ANGÉLIQUE. — Et qu'il n'est rien de plus fâcheux que la contrainte où l'on me tient, qui bouche tout commerce aux doux empressements² de cette mutuelle ardeur que le ciel nous inspire?

TOINETTE. — Vous avez raison.

ANGÉLIQUE. — Mais, ma pauvre Toinette, crois-tu qu'il m'aime autant qu'il me le dit?

TOINETTE. — Eh, eh! ces choses-là parfois sont un peu sujettes à caution. Les grimaces d'amour ressemblent fort à la vérité, et j'ai vu de grands comédiens là-dessus.

ANGÉLIQUE. — Ah! Toinette, que dis-tu là? Hélas! de la façon qu'il parle, serait-il bien possible qu'il ne me dît pas vrai?

TOINETTE. — En tout cas, vous en serez bientôt éclaircie, et la résolution où il vous écrivit hier qu'il était de vous faire demander en mariage est une prompte voie à vous faire connaître s'il vous dit vrai ou non. C'en sera là la bonne preuve.

ANGÉLIQUE. — Ah! Toinette, si celui-là me trompe, je ne croirai de ma vie aucun homme.

TOINETTE. — Voilà votre père qui revient.

SCÈNE V: ARGAN, ANGÉLIQUE, TOINETTE

ARGAN *se met dans sa chaise.* — O çà, ma fille, je vais vous dire une nouvelle où[1] peut-être ne vous attendez-vous pas. On vous demande en mariage. Qu'est-ce que cela? Vous riez? Cela est plaisant, oui, ce mot de mariage. Il n'y a rien de plus drôle pour les jeunes filles. Ah! nature, nature! A ce que je puis voir, ma fille, je n'ai que faire de vous demander si vous voulez bien vous marier.

ANGÉLIQUE. — Je dois faire, mon père, tout ce qu'il vous plaira de m'ordonner.

ARGAN. — Je suis bien aise d'avoir une fille si obéissante: la chose est donc conclue, et je vous ai promise.

ANGÉLIQUE. — C'est à moi, mon père, de suivre aveuglément toutes vos volontés.

ARGAN. — Ma femme, votre belle-mère, avait envie que je vous fisse religieuse, et votre petite sœur Louison aussi; et de tout temps elle a été aheurtée[2] à cela.

TOINETTE, *tout bas.* — La bonne bête a ses raisons.

ARGAN. — Elle ne voulait point consentir à ce mariage; mais je l'ai emporté, et ma parole est donnée.

ANGÉLIQUE. — Ah! mon père, que je vous suis obligée de toutes vos bontés!

TOINETTE. — En vérité, je vous sais bon gré de cela, et

voilà l'action la plus sage que vous ayez faite de votre vie.

ARGAN. — Je n'ai point encore vu la personne; mais on m'a dit que je serais content, et toi aussi.

ANGÉLIQUE. — Assurément, mon père.

ARGAN. — Comment! l'as-tu vu?

ANGÉLIQUE. — Puisque votre consentement m'autorise à vous pouvoir ouvrir mon cœur, je ne feindrai[3] point de vous dire que le hasard nous a fait connaître,[4] il y a six jours, et que la demande qu'on vous a faite est un effet de l'inclination que, dès cette première vue, nous avons prise l'un pour l'autre.

ARGAN. — Ils ne m'ont pas dit cela, mais j'en suis bien aise et c'est tant mieux que les choses soient de la sorte. Ils disent que c'est un grand jeune garçon bien fait.

ANGÉLIQUE. — Oui, mon père.

ARGAN. — De belle taille.

ANGÉLIQUE. — Sans doute.

ARGAN. — Agréable de sa personne.

ANGÉLIQUE. — Assurément.

ARGAN. — De bonne physionomie.

ANGÉLIQUE. — Très bonne.

ARGAN. — Sage et bien né.

ANGÉLIQUE. — Tout à fait.

ARGAN. — Fort honnête.

ANGÉLIQUE. — Le plus honnête du monde.

ARGAN. — Qui parle bien latin et grec.

ANGÉLIQUE. — C'est ce que je ne sais pas.

ARGAN. — Et qui sera reçu médecin dans trois jours.

ANGÉLIQUE. — Lui, mon père?

ARGAN. — Oui. Est-ce qu'il ne te l'a pas dit?

ANGÉLIQUE. — Non, vraiment. Qui vous l'a dit, à vous?

ARGAN. — Monsieur Purgon.

ANGÉLIQUE. — Est-ce que monsieur Purgon le connaît?

ARGAN. — La belle demande! Il faut bien qu'il le connaisse, puisque c'est son neveu.

ANGÉLIQUE. — Cléante, neveu de monsieur Purgon?

ARGAN. — Quel Cléante? Nous parlons de celui pour qui l'on t'a demandée en mariage.

ANGÉLIQUE. — Hé! oui.

ARGAN. — Hé bien! c'est le neveu de M. Purgon, qui est le fils de son beau-frère le médecin, monsieur Diafoirus; et ce fils s'appelle Thomas Diafoirus, et non pas Cléante; et nous avons conclu ce mariage-là ce matin, monsieur Purgon, monsieur Fleurant et moi, et demain ce gendre prétendu doit m'être amené par son père. Qu'est-ce? Vous voilà toute[5] ébaubie.[6]

ANGÉLIQUE. — C'est, mon père, que je connais[7] que vous avez parlé d'une personne, et que j'ai entendu une autre.

TOINETTE. — Quoi! monsieur, vous auriez fait ce dessein burlesque? et, avec tout le bien que vous avez, vous voudriez marier votre fille avec un médecin?

ARGAN. — Oui. De quoi te mêles-tu, coquine, impudente que tu es?

TOINETTE. — Mon Dieu! tout doux. Vous allez d'abord aux invectives. Est-ce que nous ne pouvons pas raisonner ensemble sans nous emporter? Là, parlons de sang-froid. Quelle est votre raison, s'il vous plaît, pour un tel mariage?

ARGAN. — Ma raison est que, me voyant infirme et malade comme je suis, je veux me faire un gendre et des alliés médecins, afin de m'appuyer de bons secours contre ma maladie, d'avoir dans ma famille les sources des remèdes qui me sont nécessaires et d'être à même[8] des consultations et des ordonnances.

TOINETTE. — Hé bien, voilà dire une raison, et il y a plaisir à se répondre doucement les uns aux autres. Mais, monsieur, mettez la main à la conscience. Est-ce que vous êtes malade?

ARGAN. — Comment, coquine, si je suis malade? si je suis malade, impudente!

TOINETTE. — Hé bien, oui, monsieur, vous êtes malade:

n'ayons point de querelle là-dessus. Oui, vous êtes fort malade;
j'en demeure d'accord, et plus malade que vous ne pensez: voilà
qui est fait. Mais votre fille doit épouser un mari pour elle, et,
n'étant point malade, il n'est pas nécessaire de lui donner un
médecin.

ARGAN. — C'est pour moi que je lui donne ce médecin; et
une fille de bon naturel doit être ravie d'épouser ce qui est utile
à la santé de son père.

TOINETTE. — Ma foi, monsieur, voulez-vous qu'en amie je
vous donne un conseil?

ARGAN. — Quel est-il, ce conseil?

TOINETTE. — De ne point songer à ce mariage-là.

ARGAN. — Et la raison?

TOINETTE. — La raison, c'est que votre fille n'y consentira '
point.

ARGAN. — Elle n'y consentira point?

TOINETTE. — Non.

ARGAN. — Ma fille?

TOINETTE. — Votre fille. Elle vous dira qu'elle n'a que faire
de monsieur Diafoirus, ni de son fils Thomas Diafoirus, ni de
tous les Diafoirus du monde.

ARGAN. — J'en ai affaire, moi, outre que le parti est plus
avantageux qu'on ne pense: monsieur Diafoirus n'a que ce
fils-là pour tout héritier; et de plus monsieur Purgon, qui n'a
ni femme ni enfants, lui donne tout son bien en faveur de ce
mariage: et monsieur Purgon est un homme qui a huit mille
bonnes livres de rente.[9]

TOINETTE. — Il faut qu'il ait tué bien des gens pour s'être
fait si riche.

ARGAN. — Huit mille livres de rente sont quelque chose,
sans compter le bien du père.

TOINETTE. — Monsieur, tout cela est bel et bon; mais j'en
reviens toujours là. Je vous conseille entre nous de lui choisir
un autre mari, et elle n'est point faite pour être madame Diafoirus.

ARGAN. — Et je veux, moi, que cela soit.

TOINETTE. — Eh! fi! ne dites pas cela.

ARGAN. — Comment! que je ne dise pas cela?

TOINETTE. — Hé! non.

ARGAN. — Et pourquoi ne le dirai-je pas?

TOINETTE. — On dira que vous ne songez pas à ce que vous dites.

ARGAN. — On dira ce qu'on voudra, mais je vous dis que je veux qu'elle exécute la parole que j'ai donnée.

TOINETTE. — Non, je suis sûre qu'elle ne le fera pas.[10]

ARGAN. — Je l'y forcerai bien.

TOINETTE. — Elle ne le fera pas, vous dis-je.

ARGAN. — Elle le fera, ou je la mettrai dans un couvent.

TOINETTE. — Vous?

ARGAN. — Moi.

TOINETTE. — Bon!

ARGAN. — Comment, bon?

TOINETTE. — Vous ne la mettrez point dans un couvent.

ARGAN. — Je ne la mettrai point dans un couvent?

TOINETTE. — Non.

ARGAN. — Non?

TOINETTE. — Non.

ARGAN. — Ouais! Voici qui est plaisant! Je ne mettrai pas ma fille dans un couvent, si je veux?

TOINETTE. — Non, vous dis-je.

ARGAN. — Qui m'en empêchera?

TOINETTE. — Vous-même.

ARGAN. — Moi?

TOINETTE. — Oui. Vous n'aurez pas ce cœur-là.

ARGAN. — Je l'aurai.

TOINETTE. — Vous vous moquez.

ARGAN. — Je ne me moque point.

TOINETTE. — La tendresse paternelle vous prendra.

ARGAN. — Elle ne me prendra point.

TOINETTE. — Une petite larme ou deux, des bras jetés au cou, un «mon petit papa mignon» prononcé tendrement, sera assez pour vous toucher.

ARGAN. — Tout cela ne fera rien.

TOINETTE. — Oui, oui.

ARGAN. — Je vous dis que je n'en démordrai point.

TOINETTE. — Bagatelles.

ARGAN. — Il ne faut point dire: Bagatelles.

TOINETTE. — Mon Dieu, je vous connais, vous êtes bon naturellement.

ARGAN, *avec emportement.* — Je ne suis point bon, et je suis méchant quand je veux.

TOINETTE. — Doucement, monsieur, vous ne songez pas que vous êtes malade.

ARGAN. — Je lui commande absolument de se préparer à prendre le mari que je dis.

TOINETTE. — Et moi, je lui défends absolument d'en faire rien.

ARGAN. — Où est-ce donc que nous sommes? et quelle audace est-ce là à une coquine de servante de parler de la sorte devant son maître?

TOINETTE. — Quand un maître ne songe pas à ce qu'il fait, une servante bien sensée est en droit de le redresser.

ARGAN *court après Toinette.* — Ah! insolente, il faut que je t'assomme.

TOINETTE *se sauve de lui.* — Il est de mon devoir de m'opposer aux choses qui vous peuvent déshonorer.[11]

ARGAN, *en colère, court après elle autour de sa chaise, son bâton à la main.* — Viens, viens, que je t'apprenne à parler.

TOINETTE, *courant et se sauvant du côté de la chaise où n'est pas Argan.* — Je m'intéresse,[12] comme je dois, à ne vous point laisser faire de folie.

ARGAN. — Chienne!

TOINETTE. — Non, je ne consentirai jamais à ce mariage.

ARGAN. — Pendarde!

TOINETTE. — Je ne veux point qu'elle épouse votre Thomas Diafoirus.

ARGAN. — Carogne!

TOINETTE. — Et elle m'obéira plutôt qu'à vous.

ARGAN. — Angélique, tu ne veux pas m'arrêter cette coquine-là?

ANGÉLIQUE. — Eh! mon père, ne vous faites point malade.

ARGAN. — Si tu ne me l'arrêtes, je te donnerai ma malédiction.

TOINETTE. — Et moi, je la déshériterai si elle vous obéit.

ARGAN *se jette dans sa chaise, étant las de courir après elle.* — Ah! ah! je n'en puis plus. Voilà pour me faire mourir.

SCÈNE VI: BÉLINE, ANGÉLIQUE, TOINETTE, ARGAN

ARGAN. — Ah! ma femme, approchez.

BÉLINE. — Qu'avez-vous, mon pauvre mari?

ARGAN. — Venez-vous-en ici à mon secours.

BÉLINE. — Qu'est-ce que c'est donc qu'il y a, mon petit fils?

ARGAN. — Mamie.[1]

BÉLINE. — Mon ami.

ARGAN. — On vient de me mettre en colère.

BÉLINE. — Hélas! pauvre petit mari! Comment donc, mon ami?

ARGAN. — Votre coquine de Toinette est devenue plus insolente que jamais.

BÉLINE. — Ne vous passionnez donc point.

ARGAN. — Elle m'a fait enrager, mamie.

BÉLINE. — Doucement, mon fils.

ARGAN. — Elle a contrecarré, une heure durant, les choses que je veux faire.

BÉLINE. — Là, là, tout doux!

ARGAN. — Et a eu l'effronterie de me dire que je ne suis point malade.

BÉLINE. — C'est une impertinente.

ARGAN. — Vous savez, mon cœur, ce qui en est.

BÉLINE. — Oui, mon cœur, elle a tort.

ARGAN. — Mamour,[2] cette coquine-là me fera mourir.

BÉLINE. — Hé, là! hé, là!

ARGAN. — Elle est cause de toute la bile que je fais.

BÉLINE. — Ne vous fâchez point tant.

ARGAN. — Et il y a je ne sais combien que je vous dis de me la chasser.

BÉLINE. — Mon Dieu, mon fils, il n'y a point de serviteurs et de servantes qui n'aient leurs défauts. On est contraint parfois de souffrir leurs mauvaises qualités à cause des bonnes. Celle-ci est adroite, soigneuse, diligente, et surtout fidèle; et vous savez qu'il faut maintenant de grandes précautions pour les gens que l'on prend. Holà! Toinette!

TOINETTE. — Madame.

BÉLINE. — Pourquoi donc est-ce que vous mettez mon mari en colère?

TOINETTE, *d'un ton doucereux.* — Moi, madame? Hélas! je ne sais pas ce que vous voulez dire, et je ne songe qu'à complaire à monsieur en toutes choses.

ARGAN. — Ah! la traîtresse!

TOINETTE. — Il nous a dit qu'il voulait donner sa fille en mariage au fils de monsieur Diafoirus; je lui ai répondu que je trouvais le parti avantageux pour elle, mais que je croyais qu'il ferait mieux de la mettre dans un couvent.

BÉLINE. — Il n'y a pas grand mal à cela, et je trouve qu'elle a raison.

ARGAN. — Ah! mamour, vous la croyez! C'est une scélérate, elle m'a dit cent insolences.

BÉLINE. — Hé bien, je vous crois, mon ami. Là, remettez-vous. Écoutez, Toinette: si vous fâchez jamais mon mari, je vous mettrai dehors. Çà, donnez-moi son manteau fourré et des oreillers, que je l'accommode dans sa chaise. Vous voilà je ne

sais comment. Enfoncez bien votre bonnet jusque sur vos oreilles;
il n'y a rien qui enrhume tant que de prendre l'air par les oreilles.

ARGAN. — Ah! mamie, que je vous suis obligé de tous les
soins que vous prenez de moi!

BÉLINE, *accommodant les oreillers qu'elle met autour d'Argan.*
—Levez-vous, que je mette ceci sous vous. Mettons celui-ci
pour vous appuyer, et celui-là de l'autre côté. Mettons celui-ci
derrière votre dos, et cet autre-là pour soutenir votre tête.

TOINETTE, *lui mettant rudement un oreiller sur la tête, et puis
fuyant.* — Et celui-ci pour vous garder du serein.[3]

ARGAN *se lève en colère et jette tous les oreillers à Toinette.*
— Ah! coquine, tu veux m'étouffer.

BÉLINE. — Hé, là! hé, là! Qu'est-ce que c'est donc?

ARGAN, *tout essoufflé, se jette dans sa chaise.* — Ah! ah! ah!
je n'en puis plus.

BÉLINE. — Pourquoi vous emporter ainsi? Elle a cru faire
bien.

ARGAN. — Vous ne connaissez pas, mamour, la malice de la
pendarde. Ah! elle m'a mis tout hors de moi; et il faudra plus
de huit médecines et de douze lavements pour réparer tout
ceci.

BÉLINE. — Là, là, mon petit ami, apaisez-vous un peu.

ARGAN. — Mamie, vous êtes toute ma consolation.

BÉLINE. — Pauvre petit fils!

ARGAN. — Pour tâcher de reconnaître l'amour que vous
me portez, je veux, mon cœur, comme je vous ai dit, faire mon
testament.

BÉLINE. — Ah! mon ami, ne parlons point de cela, je vous
prie; je ne saurais souffrir cette pensée, et le seul mot de testament
me fait tressaillir de douleur.

ARGAN. — Je vous avais dit de parler pour cela à votre
notaire.

BÉLINE. — Le voilà là-dedans que j'ai amené avec moi.

ARGAN. — Faites-le donc entrer, mamour.

BÉLINE. — Hélas! mon ami, quand on aime bien un mari,
on n'est guère en état de songer à tout cela.

SCÈNE VII:[1] LE NOTAIRE, BÉLINE, ARGAN

ARGAN. — Approchez, monsieur de Bonnefoi, approchez.
Prenez un siège, s'il vous plaît. Ma femme m'a dit, monsieur,
que vous étiez fort honnête homme, et tout à fait de ses amis:
et je l'ai chargée de vous parler pour un testament que je veux
faire.

BÉLINE. — Hélas! je ne suis point capable de parler de ces
choses-là.

LE NOTAIRE. — Elle m'a, monsieur, expliqué vos intentions
et le dessein où[2] vous êtes pour elle; et j'ai à vous dire là-dessus
que vous ne sauriez rien donner à votre femme par votre
testament.

ARGAN. — Mais pourquoi?

LE NOTAIRE. — La Coutume[3] y résiste. Si vous étiez en
pays de droit écrit, cela se pourrait faire; mais à Paris et dans les
pays coutumiers, au moins dans la plupart, c'est ce qui ne se
peut, et la disposition serait nulle. Tout l'avantage qu'homme
et femme conjoints par mariage se peuvent faire l'un à l'autre,
c'est un don mutuel entre vifs; encore faut-il qu'il n'y ait enfants,
soit des deux conjoints, ou de l'un d'eux, lors du décès du
premier mourant.

ARGAN. — Voilà une Coutume bien impertinente, qu'un
mari ne puisse rien laisser à une femme dont il est aimé tendrement et qui prend de lui tant de soin! J'aurais envie de consulter
mon avocat pour voir comment je pourrais faire.

LE NOTAIRE. — Ce n'est point à des avocats qu'il faut aller,
car ils sont d'ordinaire sévères là-dessus et s'imaginent que c'est
un grand crime que de disposer en fraude de la loi. Ce sont
gens de difficultés, et qui sont ignorants des détours de la conscience.[4] Il y a d'autres personnes à consulter qui sont bien

plus accommodantes, qui ont des expédients pour passer doucement par-dessus la loi et rendre juste ce qui n'est pas permis,
qui savent aplanir les difficultés d'une affaire et trouver les
moyens d'éluder la Coutume par quelque avantage indirect.
Sans cela, où en serions-nous tous les jours? Il faut de la facilité
dans les choses; autrement nous ne ferions rien, et je ne donnerais
pas un sou de notre métier.

ARGAN. — Ma femme m'avait bien dit, monsieur, que vous
étiez fort habile et fort honnête homme. Comment puis-je faire, s'il
vous plaît, pour lui donner mon bien et en frustrer mes enfants?

LE NOTAIRE. — Comment vous pouvez faire? Vous pouvez
choisir doucement un ami intime de votre femme, auquel vous
donnerez en bonne forme par votre testament tout ce que vous
pouvez; et cet ami ensuite lui rendra tout. Vous pouvez encore
contracter un grand nombre d'obligations non suspectes au profit
de divers créanciers, qui prêteront leur nom à votre femme, et
entre les mains de laquelle ils mettront leur déclaration que ce
qu'ils en ont fait n'a été que pour lui faire plaisir. Vous pouvez
aussi, pendant que vous êtes en vie, mettre entre ses mains de
l'argent comptant, ou des billets que vous pourrez avoir payables
au porteur.

BÉLINE. — Mon Dieu! Il ne faut point vous tourmenter
de tout cela. S'il vient faute de vous,[5] mon fils, je ne veux plus
rester au monde.

ARGAN. — Mamie!

BÉLINE. — Oui, mon ami, si je suis assez malheureuse pour
vous perdre…

ARGAN. — Ma chère femme!

BÉLINE. — La vie ne me sera plus de rien.

ARGAN. — Mamour!

BÉLINE. — Et je suivrai vos pas pour vous faire connaître la
tendresse que j'ai pour vous.

ARGAN. — Mamie, vous me fendez le cœur. Consolez-vous,
je vous en prie.

LE NOTAIRE. — Ces larmes sont hors de saison, et les choses n'en sont point encore là.

BÉLINE. — Ah! monsieur, vous ne savez pas ce que c'est qu'un mari qu'on aime tendrement.

ARGAN. — Tout le regret que j'aurai, si je meurs, mamie, c'est de n'avoir point un enfant de vous. Monsieur Purgon m'avait dit qu'il m'en ferait faire un.

LE NOTAIRE. — Cela pourra venir encore.

ARGAN. — Il faut faire mon testament, mamour, de la façon que monsieur dit; mais par précaution je veux vous mettre entre les mains vingt mille francs en or, que j'ai dans le lambris de mon alcôve, et deux billets payables au porteur, qui me sont dus, l'un par monsieur Damon, et l'autre par monsieur Gérante.

BÉLINE. — Non, non, je ne veux point de tout cela. Ah! combien dites-vous qu'il y a dans votre alcôve?

ARGAN. — Vingt mille francs, mamour.

BÉLINE. — Ne me parlez point de bien, je vous prie. Ah! de combien sont les deux billets?

ARGAN. — Ils sont, mamie, l'un de quatre mille francs, et l'autre de six.

BÉLINE. — Tous les biens du monde, mon ami, ne me sont rien au prix de vous.

LE NOTAIRE. — Voulez-vous que nous procédions au testament?

ARGAN. — Oui, monsieur, mais nous serons mieux dans mon petit cabinet. Mamour, conduisez-moi, je vous prie.

BÉLINE. — Allons, mon pauvre petit fils.

SCÈNE VIII:[1] ANGÉLIQUE, TOINETTE

TOINETTE. — Les voilà avec un notaire, et j'ai ouï parler de testament. Votre belle-mère ne s'endort point, et c'est sans doute quelque conspiration contre vos intérêts où elle pousse votre père.

ANGÉLIQUE. — Qu'il dispose de son bien à sa fantaisie, pourvu qu'il ne dispose point de mon cœur. Tu vois, Toinette, les desseins violents que l'on fait[2] sur lui. Ne m'abandonne point, je te prie, dans l'extrémité où je suis.

TOINETTE. — Moi, vous abandonner? j'aimerais mieux mourir. Votre belle-mère a beau me faire sa confidente et me vouloir jeter dans ses intérêts, je n'ai jamais pu avoir d'inclination pour elle, et j'ai toujours été de votre parti. Laissez-moi faire, j'emploierai toute chose pour vous servir; mais, pour vous servir avec plus d'effet, je veux changer de batterie,[3] couvrir le zèle que j'ai pour vous, et feindre d'entrer dans les sentiments de votre père et de votre belle-mère.

ANGÉLIQUE. — Tâche, je t'en conjure, de faire donner avis à Cléante du mariage qu'on a conclu.

TOINETTE. — Je n'ai personne à employer à cet office que le vieux usurier Polichinelle, mon amant, et il m'en coûtera pour cela quelques paroles de douceur, que je veux bien dépenser pour vous. Pour aujourd'hui il est trop tard; mais demain, du grand matin,[4] je l'enverrai quérir, et il sera ravi de...

BÉLINE. — Toinette!

TOINETTE. — Voilà qu'on m'appelle. Bonsoir. Reposez-vous sur moi.

(*Le théâtre change et représente une ville.*)

PREMIER INTERMÈDE

Polichinelle[1] dans la nuit vient pour donner une sérénade à sa maîtresse. Il est interrompu d'abord par des violons, contre lesquels il se met en colère, et ensuite par le guet, composé de musiciens et de danseurs.

POLICHINELLE. — O amour, amour, amour, amour! Pauvre Polichinelle, quelle diable de fantaisie t'es-tu allé mettre dans la cervelle? A quoi t'amuses-tu,[2] misérable insensé que tu es? Tu quittes le soin de ton négoce, et tu laisses aller tes affaires à l'abandon. Tu ne manges plus, tu ne bois presque plus, tu perds le repos de la nuit, et tout cela pour qui? Pour une dragonne, franche dragonne; une diablesse qui te rembarre et se moque de tout ce que tu peux lui dire. Mais il n'y a point à raisonner là-dessus: tu le veux, amour; il faut être fou comme beaucoup d'autres. Cela n'est pas le mieux du monde à un homme de mon âge; mais qu'y faire? On n'est pas sage quand on veut, et les vieilles cervelles se démontent comme les jeunes.

Je viens voir si je ne pourrai point adoucir ma tigresse par une sérénade. Il n'y a rien parfois qui soit si touchant qu'un amant qui vient chanter ses doléances aux gonds et aux verrous de la porte de sa maîtresse. Voici de quoi accompagner ma voix. O nuit, ô chère nuit, porte mes plaintes amoureuses jusque dans le lit de mon inflexible.

(*Il chante ces paroles.*)
Notte[3] e dî v'amo e v'adoro.
Cerco un sî per mio ristoro;
Ma se voi dite di nô,
Bell' ingrata, io morirô.

Fra la speranza
S'afflige il cuore,
In lontananza
Consuma l'hore;

Sî dolce inganno
Che mi figura
Breve l'affanno,
Ahi! troppo dura.
Cosi per tropp'amar languisco e muoro.

Notte e dî v'amo e v'adoro..
Cerco un sî per mio ristoro;
Ma se voi dite di nô,
Bell' ingrata, io morirô.

Se non dormite,
Almen pensate
Alle ferite
Ch'al cuor mi fate;
Deh! almen fingete
Per mio conforto,
Se m'uccidete,
D'haver il torto:
Vostra pieta mi scemerà il martoro.

Notte e dî v'amo e v'adoro.
Cerco un sî per mio ristoro;
Ma se voi dite di nô,
Bell' ingrata, io morirô.

Une vieille se présente à la fenêtre, et répond au signor Polichinelle en se moquant de lui.

Zerbinetti,[4] ch' ogn' hor con finti sguardi,
Mentiti desiri,
Fallaci sospiri,
Accenti buggiardi,
Di fede vi pregiate,
Ah! che non m'ingannate.
Che gia so per prova,
Ch'in voi non si trova
Constanza nè fede;
Oh! quanto è pazza colei che vi crede!

Quei sguardi languidi
Non m'innamorano,
Quei sospir fervidi
Più non m'infiammano;
    Vel giuro a fe.
Zerbino misero,
Del vostro piangere
Il mio cor libero
Vuol sempre ridere.
    Credet' a me
Che già so per prova
Ch'in voi non si trova
Constanza nè fede;
Oh! quanto è pazza colei che vi crede!

(Violons.)

POLICHINELLE. — Quelle impertinente harmonie vient interrompre ici ma voix?

(Violons.)

POLICHINELLE. — Paix là! taisez-vous, violons. Laissez-moi me plaindre à mon aise des cruautés de mon inexorable.

(Violons.)

POLICHINELLE. — Taisez-vous, vous dis-je! C'est moi qui veux chanter.

(Violons.)

POLICHINELLE. — Paix donc!

(Violons.)

POLICHINELLE. — Ouais!

(Violons.)

POLICHINELLE. — Ahi!

(Violons.)

POLICHINELLE. — Est-ce pour rire?

(Violons.)

POLICHINELLE. — Ah! que de bruit!

(Violons.)

POLICHINELLE. — Le diable vous emporte!

(*Violons.*)

POLICHINELLE. — J'enrage!

(*Violons.*)

POLICHINELLE. — Vous ne vous tairez pas? Ah! Dieu soit loué!

(*Violons.*)

POLICHINELLE. — Encore?

(*Violons.*)

POLICHINELLE. — Peste des violons!

(*Violons.*)

POLICHINELLE. — La sotte musique que voilà!

(*Violons.*)

POLICHINELLE, *chantant pour se moquer des violons.* — La, la, la, la, la, la.

(*Violons.*)

POLICHINELLE. — La, la, la, la, la, la.

(*Violons.*)

POLICHINELLE. — La, la, la, la, la, la.

(*Violons.*)

POLICHINELLE. — La, la, la, la, la, la.

(*Violons.*)

POLICHINELLE. — La, la, la, la, la, la.

(*Violons.*)

POLICHINELLE, *avec un luth, dont il ne joue que des lèvres et de la langue, en disant:* plin, tan, plan, *etc.* — Par ma foi, cela me divertit. Poursuivez, messieurs les violons, vous me ferez plaisir. Allons donc, continuez, je vous en prie. Voilà le moyen de les faire taire. La musique est accoutumée à ne point faire ce qu'on veut. Oh! sus, à nous! Avant que de[5] chanter, il faut que je prélude un peu et joue quelque pièce, afin de mieux prendre mon ton. Plan, plan, plan, Plin, plin, plin. Voilà un temps fâcheux pour mettre un luth d'accord. Plin, plin, plin. Plin, tan, plan. Plin, plin. Les cordes ne tiennent point par ce temps-là. Plin, plan. J'entends du bruit. Mettons mon luth contre la porte.

ARCHERS, *passant dans la rue, accourent au bruit qu'ils entendent et demandent.* — Qui va là? qui va là?

POLICHINELLE, *tout bas.* — Qui diable est-ce là? Est-ce que c'est la mode de parler en musique?

ARCHERS. — Qui va là? qui va là? qui va là?

POLICHINELLE, *épouvanté.* — Moi, moi, moi.

ARCHERS. — Qui va là? qui va là? vous dis-je.

POLICHINELLE. — Moi, moi, vous dis-je.

ARCHERS. — Et qui toi? et qui toi?

POLICHINELLE. — Moi, moi, moi, moi, moi, moi.

ARCHERS
Dis ton nom, dis ton nom, sans davantage attendre.

POLICHINELLE, *feignant d'être bien hardi.*
Mon nóm est «Va te faire pendre».

ARCHERS
Ici camarades, ici.
Saisissons l'insolent qui nous répond ainsi.

————

ENTRÉE DE BALLET
Tout le guet vient qui cherche Polichinelle dans la nuit.

POLICHINELLE. — Qui va là?
(*Violons et danseurs.*)

POLICHINELLE. — Qui sont les coquins que j'entends?
(*Violons et danseurs.*)

POLICHINELLE. — Euh!
(*Violons et danseurs.*)

POLICHINELLE. — Holà! mes laquais, mes gens!
(*Violons et danseurs.*)

POLICHINELLE. — Par la mort!

(*Violons et danseurs.*)

POLICHINELLE. — Par le sang!

(*Violons et danseurs.*)

POLICHINELLE. — J'en jetterai par terre.

(*Violons et danseurs.*)

POLICHINELLE. — Champagne, Poitevin, Picard, Basque, Breton!

(*Violons et danseurs.*)

POLICHINELLE. — Donnez-moi mon mousqueton.

(*Violons et danseurs.*)

POLICHINELLE *fait semblant de tirer un coup de pistolet.* — Poue.

(*Ils tombent tous et s'enfuient.*)

POLICHINELLE, *en se moquant.* — Ah! ah! ah! ah! comme je leur ai donné l'épouvante. Voilà de sottes gens d'avoir peur de moi qui ai peur des autres. Ma foi, il n'est que de jouer d'adresse en ce monde. Si je n'avais tranché du grand seigneur et n'avais fait le brave, ils n'auraient pas manqué de me happer! Ah! ah! ah!

Les archers se rapprochent, et, ayant entendu ce qu'il disait, ils le saisissent au collet.

ARCHERS

Nous le tenons; à nous, camarades, à nous!
Dépêchez, de la lumière.

BALLET

Tout le guet vient avec des lanternes.

Ah! traître! Ah! fripon! c'est donc vous?
Faquin, maraud, pendard, impudent, téméraire,
Insolent, effronté, coquin, filou, voleur!
Vous osez nous faire peur!

POLICHINELLE

Messieurs, c'est que j'étais ivre.

ARCHERS

Non, non, non, point de raison,
Il faut vous apprendre à vivre.
En prison, vite, en prison.

POLICHINELLE. — Messieurs, je ne suis point voleur.

ARCHERS. — En prison.

POLICHINELLE. — Je suis un bourgeois de la ville.

ARCHERS. — En prison.

POLICHINELLE. — Qu'ai-je fait?

ARCHERS. — En prison, vite, en prison.

POLICHINELLE. — Messieurs, laissez-moi aller.

ARCHERS. — Non.

POLICHINELLE. — Je vous prie.

ARCHERS. — Non.

POLICHINELLE. — Eh!

ARCHERS. — Non.

POLICHINELLE. — De grâce!

ARCHERS. — Non, non.

POLICHINELLE. — Messieurs...

ARCHERS. — Non, non, non.

POLICHINELLE. — S'il vous plaît!

ARCHERS. — Non, non.

POLICHINELLE. — Par charité!

ARCHERS. — Non, non.

POLICHINELLE. — Au nom du ciel!

ARCHERS. — Non, non.

POLICHINELLE. — Miséricorde!

ARCHERS

Non, non, non, point de raison,
Il faut vous apprendre à vivre.
En prison, vite, en prison.

POLICHINELLE. — Eh! n'est-il rien, messieurs, qui soit capable
d'attendrir vos âmes?

ARCHERS

Il est aisé de nous toucher,
Et nous sommes humains plus qu'on ne saurait croire.
Donnez-nous doucement six pistoles[6] pour boire,
        Nous allons vous lâcher.

POLICHINELLE. — Hélas! messieurs, je vous assure que je n'ai pas un sol sur moi.

ARCHERS

Au défaut de six pistoles,
Choisissez donc, sans façon,
D'avoir trente croquignoles[7]
Ou douze coups de bâton.

POLICHINELLE. — Si c'est une nécessité, et qu'il faille en passer par là, je choisis les croquignoles.

ARCHERS

Allons, préparez-vous,
Et comptez bien les coups.

_____

BALLET

Les archers danseurs lui donnent des croquignoles en cadence.

POLICHINELLE. — Un, et deux, trois et quatre, cinq et six, sept et huit, neuf et dix, onze et douze et treize, et quatorze et quinze.

ARCHERS

Ah! ah! vous en voulez passer;
Allons, c'est à recommencer.

POLICHINELLE. — Ah! messieurs, ma pauvre tête n'en peut plus, et vous venez de me la rendre comme une pomme cuite. J'aime encore mieux les coups de bâton que de recommencer.

ARCHERS

Soit, puisque le bâton est pour vous plus charmant,
Vous aurez contentement.

_____

BALLET

Les archers danseurs lui donnent des coups de bâton en cadence.

POLICHINELLE. — Un, deux, trois, quatre, cinq, six, ah! ah! ah! je n'y saurais plus résister. Tenez, messieurs, voilà six pistoles que je vous donne.

ARCHERS

Ah! l'honnête homme! ah! l'âme noble et belle!
Adieu, seigneur, adieu, seigneur Polichinelle.

POLICHINELLE. — Messieurs, je vous donne le bonsoir.

ARCHERS

Adieu, seigneur, adieu, seigneur Polichinelle.

POLICHINELLE. — Votre serviteur.

ARCHERS

Adieu, seigneur, adieu, seigneur Polichinelle.

POLICHINELLE. — Très humble valet.

ARCHERS

Adieu, seigneur, adieu, seigneur Polichinelle.

POLICHINELLE. — Jusqu'au revoir.[8]

BALLET

Ils dansent tous en réjouissance de l'argent qu'ils ont reçu.

(*Le théâtre change et représente encore une chambre.*)

ACTE II

SCÈNE I:[1] TOINETTE, CLÉANTE

TOINETTE. — Que demandez-vous, monsieur?

CLÉANTE. — Ce que je demande?

TOINETTE. — Ah! ah! c'est vous? Quelle surprise! Que venez-vous faire céans?

CLÉANTE. — Savoir ma destinée, parler à l'aimable Angélique, consulter les sentiments de son cœur, et lui demander ses résolutions sur ce mariage fatal dont on m'a averti.

TOINETTE. — Oui; mais on ne parle pas comme cela de but en blanc à Angélique; il y faut des mystères, et l'on vous a dit l'étroite garde où elle est retenue, qu'on ne la laisse ni sortir ni parler à personne, et que ce ne fut que la curiosité d'une vieille tante qui nous fit accorder la liberté d'aller à cette comédie qui donna lieu à la naissance de votre passion; et nous nous sommes bien gardées de parler de cette aventure.

CLÉANTE. — Aussi ne viens-je pas ici comme Cléante, et sous l'apparence de son amant, mais comme ami de son maître de musique, dont j'ai obtenu le pouvoir de dire qu'il m'envoie à sa place.

TOINETTE. — Voici son père. Retirez-vous un peu, et me laissez[2] lui dire que vous êtes là.

SCÈNE II: ARGAN, TOINETTE, CLÉANTE

ARGAN. — Monsieur Purgon m'a dit de me promener le matin dans ma chambre douze allées et douze venues; mais j'ai oublié[1] à lui demander si c'est en long ou en large.

TOINETTE. — Monsieur, voilà un...

ARGAN. — Parle bas, pendarde! tu viens m'ébranler tout le

cerveau, et tu ne songes pas qu'il ne faut point parler si haut à des malades.

TOINETTE. — Je voulais vous dire, monsieur...

ARGAN. — Parle bas, te dis-je.

TOINETTE. — Monsieur...
　　　　　　(*Elle fait semblant de parler.*)

ARGAN. — Eh?

TOINETTE. — Je vous dis que...
　　　　　　(*Elle fait semblant de parler.*)

ARGAN. — Qu'est-ce que tu dis?

TOINETTE, *haut.* — Je dis que voilà un homme qui veut parler à vous.[2]

ARGAN. — Qu'il vienne.
　　　　(*Toinette fait signe à Cléante d'avancer.*)

CLÉANTE. — Monsieur...

TOINETTE, *raillant.* — Ne parlez pas si haut, de peur d'ébranler le cerveau de monsieur.

CLÉANTE. — Monsieur, je suis ravi de vous trouver debout et de voir que vous vous portez mieux.

TOINETTE, *feignant d'être en colère.* — Comment, qu'il se porte mieux? Cela est faux. Monsieur se porte toujours mal.

CLÉANTE. — J'ai ouï dire que monsieur était mieux, et je lui trouve bon visage.

TOINETTE. — Que voulez-vous dire avec votre bon visage? Monsieur l'a fort mauvais, et ce sont des impertinents qui vous ont dit qu'il était mieux. Il ne s'est jamais si mal porté.

ARGAN. — Elle a raison.

TOINETTE. — Il marche, dort, mange et boit tout comme les autres; mais cela n'empêche pas qu'il ne soit fort malade.

ARGAN. — Cela est vrai.

CLÉANTE. — Monsieur, j'en suis au désespoir. Je viens de la part du maître à chanter de mademoiselle votre fille. Il s'est vu obligé d'aller à la campagne pour quelques jours, et, comme

son ami intime, il m'envoie à sa place pour lui continuer ses
leçons de peur qu'en les interrompant elle ne vînt à oublier ce
qu'elle sait déjà.

ARGAN. — Fort bien. Appelez Angélique.

TOINETTE. — Je crois, monsieur, qu'il sera mieux de mener
monsieur à sa chambre.

ARGAN. — Non, faites-la venir.

TOINETTE. — Il ne pourra lui donner leçon comme il faut
s'ils ne sont en particulier.

ARGAN. — Si fait, si fait.

TOINETTE. — Monsieur, cela ne fera que vous étourdir, et
il ne faut rien pour vous émouvoir[3] en l'état où vous êtes et
vous ébranler le cerveau.

ARGAN. — Point, point, j'aime la musique, et je serai bien
aise de... Ah! la voici. Allez-vous-en voir, vous, si ma femme
est habillée.

SCÈNE III: ARGAN, ANGÉLIQUE, CLÉANTE

ARGAN. — Venez, ma fille, votre maître de musique est allé
aux champs,[1] et voilà une personne qu'il envoie à sa place pour
vous montrer.[2]

ANGÉLIQUE. — Ah! ciel.

ARGAN. — Qu'est-ce? D'où vient cette surprise?

ANGÉLIQUE. — C'est...

ARGAN. — Quoi? Qui[3] vous émeut de la sorte?

ANGÉLIQUE. — C'est, mon père, une aventure surprenante
qui se rencontre ici.

ARGAN. — Comment?

ANGÉLIQUE. — J'ai songé cette nuit que j'étais dans le plus
grand embarras du monde, et qu'une personne faite tout comme
monsieur s'est présentée à moi, à qui j'ai demandé secours, et
qui m'est venue tirer de la peine où j'étais; et ma surprise a

été grande de voir inopinément en arrivant ici ce que j'ai eu dans l'idée toute la nuit.

CLÉANTE. — Ce n'est pas être malheureux que d'occuper votre pensée, soit en dormant,[4] soit en veillant; et mon bonheur serait grand sans doute si vous étiez dans quelque peine dont vous me jugeassiez digne de vous tirer; et il n'y a rien que je ne fisse pour...

SCÈNE IV: TOINETTE, CLÉANTE, ANGÉLIQUE, ARGAN

TOINETTE, par dérision. — Ma foi, monsieur, je suis pour vous maintenant, et je me dédis de tout ce que je disais hier. Voici monsieur Diafoirus le père et monsieur Diafoirus le fils qui viennent vous rendre visite. Que vous serez bien engendré![1] Vous allez voir le garçon le mieux fait du monde et le plus spirituel. Il n'a dit que deux mots, qui m'ont ravie, et votre fille va être charmée de lui.

ARGAN, à Cléante, qui feint de vouloir s'en aller. — Ne vous en allez point, monsieur. C'est que je marie ma fille, et voilà qu'on lui amène son prétendu mari, qu'elle n'a point encore vu.

CLÉANTE. — C'est m'honorer beaucoup, monsieur, de vouloir que je sois témoin d'une entrevue si agréable.

ARGAN. — C'est le fils d'un habile médecin, et le mariage se fera dans quatre jours.

CLÉANTE. — Fort bien.

ARGAN. — Mandez-le un peu[2] à son maître de musique, afin qu'il se trouve à la noce.

CLÉANTE. — Je n'y manquerai pas.

ARGAN. — Je vous y prie[3] aussi.

CLÉANTE. — Vous me faites beaucoup d'honneur.

TOINETTE. — Allons, qu'on se range; les voici.

SCÈNE V: MONSIEUR DIAFOIRUS, THOMAS DIAFOIRUS,
ARGAN, ANGÉLIQUE, CLÉANTE, TOINETTE

ARGAN, *mettant la main à son bonnet sans l'ôter.* — Monsieur
Purgon, monsieur, m'a défendu de découvrir ma tête. Vous
êtes du métier, vous savez les conséquences.

MONSIEUR DIAFOIRUS. — Nous sommes dans toutes nos
visites pour porter secours aux malades, et non pour leur porter
de l'incommodité.

ARGAN. — Je reçois, monsieur...

(*Ils parlent tous deux en même temps, s'interrompent et confondent.*)

MONSIEUR DIAFOIRUS. — Nous venons ici, monsieur...

ARGAN. — Avec beaucoup de joie...

MONSIEUR DIAFOIRUS. — Mon fils Thomas et moi...

ARGAN. — L'honneur que vous me faites...

MONSIEUR DIAFOIRUS. — Vous témoigner, monsieur... .

ARGAN. — Et j'aurais souhaité...

MONSIEUR DIAFOIRUS. — Le ravissement où nous sommes...

ARGAN. — De pouvoir aller chez vous...

MONSIEUR DIAFOIRUS. — De la grâce que vous nous
faites...

ARGAN. — Pour vous en assurer...

MONSIEUR DIAFOIRUS. — De vouloir bien nous recevoir...

ARGAN. — Mais vous savez, monsieur...

MONSIEUR DIAFOIRUS. — Dans l'honneur, monsieur...

ARGAN. — Ce que c'est qu'un pauvre malade...

MONSIEUR DIAFOIRUS. — De votre alliance...

ARGAN. — Qui ne peut faire autre chose...

MONSIEUR DIAFOIRUS. — Et vous assurer...

ARGAN. — Que de vous dire ici...

MONSIEUR DIAFOIRUS. — Que dans les choses qui dépen-
dront de notre métier...

ARGAN. — Qu'il cherchera toutes les occasions...

MONSIEUR DIAFOIRUS. — De même qu'en toute autre...

ARGAN. — De vous faire connaître, monsieur...

MONSIEUR DIAFOIRUS. — Nous serons toujours prêts, monsieur...

ARGAN. — Qu'il est tout à votre service...

MONSIEUR DIAFOIRUS. — A vous témoigner notre zèle, (*Il se retourne vers son fils et lui dit*): Allons, Thomas, avancez. Faites vos compliments.

THOMAS DIAFOIRUS *est un grand benêt nouvellement sorti des écoles, qui fait toutes choses de mauvaise grâce[1] et à contretemps.* —N'est-ce pas par le père qu'il convient commencer?

MONSIEUR DIAFOIRUS. — Oui.

THOMAS DIAFOIRUS. — Monsieur,[2] je viens saluer, reconnaître, chérir et révérer en vous un second père, mais un second père auquel j'ose dire que je me trouve plus redevable qu'au premier. Le premier m'a engendré, mais vous m'avez choisi. Il m'a reçu par nécessité, mais vous m'avez accepté par grâce. Ce que je tiens de lui est un ouvrage de son corps, mais ce que je tiens de vous est un ouvrage de votre volonté; et, d'autant plus que les facultés spirituelles sont au-dessus des corporelles, d'autant plus je vous dois, et d'autant plus je tiens précieuse cette future filiation, dont je viens aujourd'hui vous rendre par avance les très humbles et très respectueux hommages.

TOINETTE. — Vivent les collèges d'où l'on sort si habile homme!

THOMAS DIAFOIRUS. — Cela a-t-il bien été, mon père?

MONSIEUR DIAFOIRUS. — *Optime.*

ARGAN, *à Angélique.* — Allons, saluez monsieur.

THOMAS DIAFOIRUS. — Baiserai-je?

MONSIEUR DIAFOIRUS. — Oui, oui.

THOMAS DIAFOIRUS, *à Angélique.* — Madame, c'est avec justice que le ciel vous a concédé le nom de belle-mère, puisque l'on...

ARGAN. — Ce n'est pas ma femme, c'est ma fille à qui vous parlez.

THOMAS DIAFOIRUS. — Où donc est-elle?

ARGAN. — Elle va venir.

THOMAS DIAFOIRUS. — Attendrai-je, mon père, qu'elle soit venue?

MONSIEUR DIAFOIRUS. — Faites toujours le compliment de mademoiselle.

THOMAS DIAFOIRUS. — Mademoiselle, ne plus ne moins[3] que la statue de Memnon rendait un son harmonieux lorsqu'elle venait à être éclairée des rayons du soleil, tout de même me sens-je animé d'un doux transport à l'apparition du soleil de vos beautés. Et, comme les naturalistes remarquent que la fleur nommée héliotrope tourne sans cesse vers cet astre du jour, aussi mon cœur, dores-en-avant,[4] tournera-t-il toujours vers les astres resplendissants de vos yeux adorables, ainsi que vers son pôle unique. Souffrez donc, mademoiselle, que j'appende aujourd'hui à l'autel de vos charmes l'offrande de ce cœur, qui ne respire et n'ambitionne autre gloire que d'être toute sa vie, mademoiselle, votre très humble, très obéissant et très fidèle serviteur et mari.

TOINETTE, en le raillant. — Voilà ce que c'est que d'étudier, on apprend à dire de belles choses.

ARGAN. — Eh! que dites-vous de cela?

CLÉANTE. — Que monsieur fait merveilles, et que, s'il est aussi bon médecin qu'il est bon orateur, il y aura plaisir à être de ses malades.

TOINETTE. — Assurément. Ce sera quelque chose d'admirable, s'il fait d'aussi belles cures qu'il fait de beaux discours.

ARGAN. — Allons, vite, ma chaise, et des sièges à tout le monde. Mettez-vous là, ma fille. Vous voyez, monsieur, que tout le monde admire monsieur votre fils, et je vous trouve bien heureux de vous voir un garçon comme cela.

MONSIEUR DIAFOIRUS. — Monsieur, ce n'est pas parce que je suis son père, mais je puis dire que j'ai sujet d'être content de lui, et que tous ceux qui le voient en parlent comme d'un garçon qui n'a point de méchanceté. Il n'a jamais eu l'imagination bien vive, ni ce feu d'esprit qu'on remarque dans quelques-uns, mais c'est par là que j'ai toujours bien auguré de sa judiciaire, qualité requise pour l'exercice de notre art. Lorsqu'il était petit, il n'a jamais été ce qu'on appelle mièvre[5] et éveillé. On le voyait toujours doux, paisible et taciturne, ne disant jamais mot, et ne jouant jamais à tous ces petits jeux que l'on nomme enfantins. On eut toutes les peines du monde à lui apprendre à lire, et il avait neuf ans qu'il ne connaissait pas encore ses lettres. «Bon, disais-je en moi-même, les arbres tardifs sont ceux qui produisent les meilleurs fruits. On grave sur le marbre bien plus malaisément que sur le sable; mais les choses y sont conservées bien plus longtemps, et cette lenteur à comprendre, cette pesanteur d'imagination est la marque d'un bon jugement à venir.» Lorsque je l'envoyai au collège, il trouva de la peine; mais il se raidissait contre les difficultés, et ses régents[6] se louaient toujours à moi de son assiduité et de son travail. Enfin, à force de battre le fer, il en est venu glorieusement à avoir ses licences;[7] et je puis dire sans vanité que depuis deux ans qu'il est sur les bancs, il n'y a point de candidat qui ait fait plus de bruit que lui dans toutes les disputes de notre école. Il s'y est rendu redoutable, et il ne s'y passe point d'acte[8] où il n'aille argumenter à outrance pour la proposition contraire. Il est ferme dans la dispute, fort comme un Turc sur ses principes, ne démord jamais de son opinion, et poursuit un raisonnement jusque dans les derniers recoins de la logique. Mais, sur toute chose, ce qui me plaît en lui, et en quoi il suit mon exemple, c'est qu'il s'attache aveuglément aux opinions de nos anciens, et que jamais il n'a voulu comprendre ni écouter les raisons et les expériences des prétendues découvertes de notre siècle touchant la circulation du sang[9] et autres opinions de même farine.

THOMAS DIAFOIRUS. *Il tire une grande thèse roulée de sa poche, qu'il présente à Angélique.* — J'ai contre les circulateurs soutenu une thèse, qu'avec la permission de monsieur, j'ose présenter à mademoiselle comme un hommage que je lui dois des prémices de mon esprit.

ANGÉLIQUE. — Monsieur, c'est pour moi un meuble[10] inutile, et je ne me connais pas à ces choses-là.

TOINETTE. — Donnez, donnez, elle est toujours bonne à prendre pour l'image,[11] cela servira à parer notre chambre.

THOMAS DIAFOIRUS. — Avec la permission aussi de monsieur, je vous invite à venir voir l'un de ces jours, pour vous divertir, la dissection d'une femme, sur quoi je dois raisonner.

TOINETTE. — Le divertissement sera agréable. Il y en a qui donnent la comédie à leurs maîtresses, mais donner une dissection est quelque chose de plus galant.

MONSIEUR DIAFOIRUS. — Au reste, pour ce qui est des qualités requises pour le mariage et la propagation, je vous assure que, selon les règles de nos docteurs, il est tel qu'on le peut souhaiter; qu'il possède en un degré louable la vertu prolifique, et qu'il est du tempérament qu'il faut pour engendrer et procréer des enfants bien conditionnés.

ARGAN. — N'est-ce pas votre intention, monsieur, de le pousser à la cour et d'y ménager pour lui une charge de médecin?

MONSIEUR DIAFOIRUS. — A vous en parler franchement, notre métier auprès des grands ne m'a jamais paru agréable, et j'ai toujours trouvé qu'il valait mieux, pour nous autres, demeurer[12] au public. Le public est commode. Vous n'avez à répondre de vos actions à personne, et, pourvu que l'on suive le courant des règles de l'art, on ne se met point en peine de tout ce qui peut arriver. Mais ce qu'il y a de fâcheux auprès des grands, c'est que, quand ils viennent à être malades, ils veulent absolument que leurs médecins les guérissent.

TOINETTE. — Cela est plaisant, et ils sont bien impertinents de vouloir que, vous autres messieurs, vous les guérissiez! Vous n'êtes point auprès d'eux pour cela; vous n'y êtes que

pour recevoir vos pensions et leur ordonner des remèdes; c'est à
eux à guérir s'ils peuvent.

MONSIEUR DIAFOIRUS. — Cela est vrai. On n'est obligé
qu'à traiter les gens dans les formes.[13]

ARGAN, *à Cléante*. — Monsieur, faites un peu chanter ma
fille devant la compagnie.

CLÉANTE. — J'attendais vos ordres, monsieur, et il m'est
venu en pensée, pour divertir la compagnie, de chanter avec
mademoiselle une scène d'un petit opéra qu'on a fait depuis
peu. (*A Angélique, lui donnant un papier.*) Tenez, voilà votre
partie.

ANGÉLIQUE. — Moi?

CLÉANTE, *bas à Angélique*. — Ne vous défendez point,[14] s'il
vous plaît, et me laissez[15] vous faire comprendre ce que c'est
que la scène que nous devons chanter. (*Haut.*) Je n'ai pas une
voix à chanter; mais ici il suffit que je me fasse entendre, et l'on
aura la bonté de m'excuser par la nécessité où je me trouve de
faire chanter mademoiselle.

ARGAN. — Les vers en sont-ils beaux?

CLÉANTE. — C'est proprement ici un petit opéra impromptu, et vous n'allez entendre chanter que de la prose
cadencée, ou des manières de vers libres, tels que la passion
et la nécessité peuvent faire[16] trouver à deux personnes qui disent
les choses d'elles-mêmes et parlent sur-le-champ.

ARGAN. — Fort bien. Écoutons.

CLÉANTE, *sous le nom d'un berger, explique à sa maîtresse son
amour depuis leur rencontre, et ensuite ils s'appliquent leurs pensées
l'un à l'autre en chantant.* — Voici le sujet de la scène. Un berger
était attentif aux beautés d'un spectacle qui ne faisait que de
commencer, lorsqu'il fut tiré de son attention par un bruit qu'il
entendit à ses côtés. Il se retourne et voit un brutal qui, de paroles
insolentes, maltraitait une bergère. D'abord[17] il prend les intérêts
d'un sexe à qui tous les hommes doivent hommage; et, après
avoir donné au brutal le châtiment de son insolence, il vient à

la bergère et voit une jeune personne qui, des deux plus beaux yeux qu'il eût jamais vus, versait des larmes, qu'il trouva les plus belles du monde. «Hélas! dit-il en lui-même, est-on capable d'outrager une personne si aimable? Et quel humain, quel barbare, ne serait touché par de telles larmes?» Il prend soin de les arrêter, ces larmes, qu'il trouve si belles; et l'aimable bergère prend soin en même temps de le remercier de son léger service, mais d'une manière si charmante, si tendre et si passionnée, que le berger n'y peut résister, et chaque mot, chaque regard, est un trait plein de flamme dont son cœur se sent pénétré. «Est-il, disait-il, quelque chose qui puisse mériter les aimables paroles d'un tel remerciement? Et que ne voudrait-on pas faire, à quels services, à quels dangers ne serait-on pas ravi de courir, pour s'attirer un seul moment des touchantes douceurs d'une âme si reconnaissante?» Tout le spectacle passe[18] sans qu'il y donne aucune attention; mais il se plaint qu'il est trop court, parce qu'en finissant il le sépare de son adorable bergère; et, de cette première vue, de ce premier moment, il emporte chez lui tout ce qu'un amour de plusieurs années peut avoir de plus violent. Le voilà aussitôt à sentir tous les maux de l'absence, et il est tourmenté de ne plus voir ce qu'il a si peu vu. Il fait tout ce qu'il peut pour se redonner cette vue, dont il conserve nuit et jour une si chère idée; mais la grande contrainte où l'on tient sa bergère lui en ôte tous les moyens. La violence de sa passion le fait résoudre à demander en mariage l'adorable beauté sans laquelle il ne peut plus vivre, et il en obtient d'elle la permission par un billet qu'il a l'adresse de lui faire tenir. Mais dans le même temps on l'avertit que le père de cette belle a conclu son mariage avec un autre, et que tout se dispose pour en célébrer la cérémonie. Jugez quelle atteinte cruelle au cœur de ce triste berger! Le voilà accablé d'une mortelle douleur. Il ne peut souffrir l'effroyable idée de voir tout ce qu'il aime entre les bras d'un autre, et son amour au désespoir lui fait trouver moyen de s'introduire dans la maison de sa bergère pour apprendre ses sentiments et savoir d'elle la destinée à laquelle il doit se résoudre. Il y rencontre les apprêts de tout ce qu'il craint; il y voit venir l'indigne rival que le caprice d'un père oppose aux tendresses de son amour. Il le voit triomphant, ce rival ridicule, auprès de l'aimable bergère, ainsi qu'auprès d'une conquête qui lui est assurée, et cette vue le remplit d'une colère dont il a peine à se rendre maître. Il jette de douloureux regards sur celle qu'il adore, et son respect et la présence de son père l'empêchent de lui rien dire que des yeux. Mais enfin il force toute contrainte, et le transport de son amour l'oblige à lui parler ainsi:

(*Il chante.*)
Belle Philis, c'est trop, c'est trop souffrir;
Rompons ce dur silence, et m'ouvrez vos pensées.
Apprenez-moi ma destinée:
Faut-il vivre? faut-il mourir?

ANGÉLIQUE *répond en chantant.*
Vous me voyez, Tircis, triste et mélancolique
Aux apprêts de l'hymen dont vous vous alarmez:
Je lève au ciel les yeux, je vous regarde, je soupire,
C'est vous en dire assez.

ARGAN. — Ouais, je ne croyais pas que ma fille fût si habile que de chanter ainsi à livre ouvert sans hésiter.

CLÉANTE
Hélas! belle Philis,
Se pourrait-il que l'amoureux Tircis
Eût assez de bonheur
Pour avoir quelque place dans votre cœur?

ANGÉLIQUE
Je ne m'en défends point dans cette peine extrême:
Oui, Tircis, je vous aime.

CLÉANTE

O parole pleine d'appas!
Ai-je bien entendu, hélas!
Redites-la, Philis, que je n'en doute pas.

ANGÉLIQUE

Oui, Tircis, je vous aime.

CLÉANTE

De grâce, encor, Philis.

ANGÉLIQUE

Je vous aime.

CLÉANTE

Recommencez cent fois, ne vous en lassez pas.

ANGÉLIQUE

Je vous aime, je vous aime;
Oui, Tircis, je vous aime.

CLÉANTE

Dieux, rois, qui sous vos pieds regardez tout le monde,
Pouvez-vous comparer votre bonheur au mien?
Mais, Philis, une pensée
Vient troubler ce doux transport
Un rival, un rival...

ANGÉLIQUE

Ah! je le hais plus que la mort,
Et sa présence, ainsi qu'à vous,
M'est un cruel supplice.

CLÉANTE

Mais un père à ses vœux vous veut assujettir.

ANGÉLIQUE

Plutôt, plutôt mourir
Que de jamais y consentir;
Plutôt, plutôt mourir, plutôt mourir!

ARGAN. — Et que dit le père à tout cela?

CLÉANTE. — Il ne dit rien.

ARGAN. — Voilà un sot père que ce père-là, de souffrir toutes ces sottises-là sans rien dire!

CLÉANTE

Ah! mon amour...

ARGAN. — Non, non, en voilà assez. Cette comédie-là est de fort mauvais exemple. Le berger Tircis est un impertinent, et la bergère Philis, une impudente de parler de la sorte devant son père. Montrez-moi ce papier. Ha, ha! Où sont donc les paroles que vous avez dites? Il n'y a là que de la musique écrite.

CLÉANTE. — Est-ce que vous ne savez pas, monsieur, qu'on a trouvé depuis peu l'invention d'écrire les paroles avec les notes mêmes?[19]

ARGAN. — Fort bien. Je suis votre serviteur, monsieur; jusqu'au revoir. Nous nous serions bien passés de votre impertinent d'opéra.

CLÉANTE. — J'ai cru vous divertir.

ARGAN. — Les sottises ne divertissent point. Ah! voici ma femme.

SCÈNE VI: BÉLINE, ARGAN, TOINETTE, ANGÉLIQUE, MONSIEUR DIAFOIRUS, THOMAS DIAFOIRUS

ARGAN. — Mamour, voilà le fils de monsieur Diafoirus.

THOMAS DIAFOIRUS, *commence un compliment qu'il avait étudié, et, la mémoire lui manquant, il ne peut continuer.* — Madame, c'est avec justice que le ciel vous a concédé le nom de belle-mère, puisque l'on voit sur votre visage...

BÉLINE. — Monsieur, je suis ravie d'être venue ici à propos pour avoir l'honneur de vous voir.

THOMAS DIAFOIRUS. — Puisque l'on voit sur votre visage... puisque l'on voit sur votre visage... Madame, vous m'avez interrompu dans le milieu de ma période, et cela m'a troublé la mémoire.

MONSIEUR DIAFOIRUS. — Thomas, réservez cela pour une autre fois.

ARGAN. — Je voudrais, mamie, que vous eussiez été ici tantôt.

TOINETTE. — Ah! madame, vous avez bien perdu de n'avoir point été au second père, à la statue de Memnon et à la fleur nommée héliotrope.

ARGAN. — Allons, ma fille, touchez dans la main de monsieur et lui donnez votre foi comme à votre mari.

ANGÉLIQUE. — Mon père!

ARGAN. — Hé bien, mon père! qu'est-ce que cela veut dire?

ANGÉLIQUE. — De grâce, ne précipitez pas les choses. Donnez-nous au moins le temps de nous connaître et de voir naître en nous l'un pour l'autre cette inclination si nécessaire à[1] composer une union parfaite.

THOMAS DIAFOIRUS. — Quant à moi, mademoiselle, elle est déjà toute née en moi, et je n'ai pas besoin d'attendre davantage.

ANGÉLIQUE. — Si vous êtes si prompt, monsieur, il n'en est pas de même de moi, et je vous avoue que votre mérite n'a pas encore fait assez d'impression dans mon âme.

ARGAN. — Oh! bien, bien; cela aura tout le loisir de se faire quand vous serez mariés ensemble.

ANGÉLIQUE. — Eh! mon père, donnez-moi du temps, je vous prie. Le mariage est une chaîne[2] où l'on ne doit jamais soumettre un cœur par force; et, si monsieur est honnête homme, il ne doit point vouloir accepter une personne qui serait à lui par contrainte.

THOMAS DIAFOIRUS. — *Nego consequentiam,*[3] mademoiselle, et je puis être honnête homme et vouloir bien vous accepter des mains de monsieur votre père.

ANGÉLIQUE. — C'est un méchant moyen de se faire aimer de quelqu'un que de lui faire violence.

THOMAS DIAFOIRUS. — Nous lisons des anciens, mademoiselle, que leur coutume était d'enlever par force de la maison des pères les filles qu'on menait marier, afin qu'il ne semblât pas que ce fût de leur consentement qu'elles convolaient dans les bras d'un homme.

ANGÉLIQUE. — Les anciens, monsieur, sont les anciens, et nous sommes les gens de maintenant. Les grimaces ne sont point nécessaires dans notre siècle, et, quand un mariage nous plaît, nous savons fort bien y aller sans qu'on nous y traîne. Donnez-vous patience,[4] si vous m'aimez, monsieur, vous devez vouloir tout ce que je veux.

THOMAS DIAFOIRUS. — Oui, mademoiselle, jusqu'aux intérêts de mon amour exclusivement.

ANGÉLIQUE. — Mais la grande marque d'amour, c'est d'être soumis aux volontés de celle qu'on aime.

THOMAS DIAFOIRUS. — *Distinguo*, mademoiselle: dans ce qui ne regarde point sa possession, *concedo*; mais dans ce qui la regarde, *nego*.

TOINETTE. — Vous avez beau raisonner. Monsieur est frais émoulu du collège, et il vous donnera toujours votre reste. Pourquoi tant résister et refuser la gloire d'être attachée au corps de la Faculté?

BÉLINE. — Elle a peut-être quelque inclination en tête.

ANGÉLIQUE. — Si j'en avais, madame, elle serait telle que la raison et l'honnêteté pourraient me la permettre.

ARGAN. — Ouais! je joue ici un plaisant personnage.

BÉLINE. — Si j'étais que de vous, mon fils, je ne la forcerais point à se marier, et je sais bien ce que je ferais.

ANGÉLIQUE. — Je sais, madame, ce que vous voulez dire, et les bontés que vous avez pour moi; mais peut-être que vos conseils ne seront pas assez heureux pour être exécutés.

BÉLINE. — C'est que les filles bien sages et bien honnêtes comme vous se moquent d'être obéissantes et soumises aux volontés de leurs pères. Cela était bon autrefois.

ANGÉLIQUE. — Le devoir d'une fille a des bornes, madame, et la raison et les lois ne l'étendent point à toutes sortes de choses.

BÉLINE. — C'est-à-dire que vos pensées ne sont que pour le mariage; mais vous voulez choisir un époux à votre fantaisie.

ANGÉLIQUE. — Si mon père ne veut pas me donner un mari qui me plaise, je le conjurerai au moins de ne me point forcer à en épouser un que je ne puisse pas aimer.

ARGAN. — Messieurs, je vous demande pardon de tout ceci.

ANGÉLIQUE. — Chacun a son but en se mariant. Pour moi, qui ne veux un mari que pour l'aimer véritablement, et qui prétends en faire tout l'attachement de ma vie, je vous avoue que j'y cherche quelque précaution. Il y en a d'aucunes qui prennent des maris seulement pour se tirer de la contrainte de leurs parents et se mettre en état de faire tout ce qu'elles voudront. Il y en a d'autres, madame, qui font du mariage un commerce de pur intérêt; qui ne se marient que pour gagner des douaires,[5] que pour s'enrichir par la mort de ceux qu'elles épousent, et courent sans scrupule de mari en mari pour s'approprier leurs dépouilles. Ces personnes-là, à la vérité, n'y cherchent pas tant de façons et regardent peu à la personne.

BÉLINE. — Je vous trouve aujourd'hui bien raisonnante, et je voudrais bien savoir ce que vous voulez dire par là.

ANGÉLIQUE. — Moi, madame, que voudrais-je dire que[6] ce que je dis?

BÉLINE. — Vous êtes si sotte, mamie, qu'on ne saurait plus vous souffrir.

ANGÉLIQUE. — Vous voudriez bien, madame, m'obliger à vous répondre quelque impertinence, mais je vous avertis que vous n'aurez pas cet avantage.

BÉLINE. — Il n'est rien d'égal à votre insolence.

ANGÉLIQUE. — Non, madame, vous avez beau dire.

BÉLINE. — Et vous avez un ridicule orgueil, une impertinente présomption qui fait hausser les épaules à tout le monde.

ANGÉLIQUE. — Tout cela, madame, ne servira de rien, je serai sage en dépit de vous; et, pour vous ôter l'espérance de pouvoir réussir dans ce que vous voulez, je vais m'ôter de votre vue.

ARGAN. — Écoute, il n'y a point de milieu à cela. Choisis d'épouser dans quatre jours ou monsieur ou un couvent. (*A Béline.*) Ne vous mettez pas en peine, je la rangerai[7] bien.

BÉLINE. — Je suis fâchée de vous quitter, mon fils; mais j'ai une affaire en ville dont je ne puis me dispenser. Je reviendrai bientôt.

ARGAN. — Allez, mamour, et passez chez votre notaire, afin qu'il expédie ce que vous savez.

BÉLINE. — Adieu, mon petit ami.

ARGAN. — Adieu, mamie. Voilà une femme qui m'aime... cela n'est pas croyable.

MONSIEUR DIAFOIRUS. — Nous allons, monsieur, prendre congé de vous.

ARGAN. — Je vous prie, monsieur, de me dire un peu comment je suis.

MONSIEUR DIAFOIRUS, *lui tâte le pouls.* — Allons, Thomas, prenez l'autre bras de monsieur, pour voir si vous saurez porter un bon jugement de son pouls. *Quid dicis?*

THOMAS DIAFOIRUS. — *Dico* que le pouls de monsieur est le pouls d'un homme qui ne se porte point bien.

MONSIEUR DIAFOIRUS. — Bon.

THOMAS DIAFOIRUS. — Qu'il est duriuscule,[8] pour ne pas dire dur.

MONSIEUR DIAFOIRUS. — Fort bien.

THOMAS DIAFOIRUS. — Repoussant.

MONSIEUR DIAFOIRUS. — *Bene.*

THOMAS DIAFOIRUS. — Et même un peu caprisant.[9]

MONSIEUR DIAFOIRUS. — *Optime.*

THOMAS DIAFOIRUS. — Ce qui marque une intempérie dans le parenchyme[10] splénique, c'est-à-dire la rate.

MONSIEUR DIAFOIRUS. — Fort bien.

ARGAN. — Non; monsieur Purgon dit que c'est mon foie qui est malade.

MONSIEUR DIAFOIRUS. — Eh! oui; qui dit parenchyme dit l'un et l'autre, à cause de l'étroite sympathie qu'ils ont ensemble, par le moyen du *vas breve* du *pylore*,[11] et souvent des *méats cholidoques*.[12] Il vous ordonne sans doute de manger force rôti.

ARGAN. — Non, rien que du bouilli.

MONSIEUR DIAFOIRUS. — Eh! oui; rôti, bouilli, même chose. Il vous ordonne fort prudemment, et vous ne pouvez être en de meilleures mains.

ARGAN. — Monsieur, combien est-ce qu'il faut mettre de grains de sel dans un œuf?

MONSIEUR DIAFOIRUS. — Six, huit, dix, par les nombres pairs, comme dans les médicaments par les nombres impairs.

ARGAN. — Jusqu'au revoir, monsieur.

SCÈNE VII: BÉLINE, ARGAN

BÉLINE. — Je viens, mon fils, avant que de sortir, vous donner avis d'une chose à laquelle il faut que vous preniez garde. En passant par devant la chambre d'Angélique, j'ai vu un jeune homme avec elle, qui s'est sauvé d'abord[1] qu'il m'a vu.

ARGAN. — Un jeune homme avec ma fille!

BÉLINE. — Oui. Votre petite fille Louison était avec eux, qui pourra vous en dire des nouvelles.

ARGAN. — Envoyez-la ici, mamour, envoyez-la ici. Ah! l'effrontée! Je ne m'étonne plus de sa résistance.

SCÈNE VIII: LOUISON, ARGAN

LOUISON. — Qu'est-ce que vous voulez, mon papa? Ma belle-maman m'a dit que vous me demandez.

ARGAN. — Oui. Venez çà. Avancez là. Tournez-vous. Levez les yeux. Regardez-moi. Eh!

LOUISON. — Quoi, mon papa?

ARGAN. — Là?

LOUISON. — Quoi?

ARGAN. — N'avez-vous rien à me dire?

LOUISON. — Je vous dirai, si vous voulez, pour vous désennuyer, le conte de *Peau d'âne*[1] ou bien la fable du *Corbeau et du renard*, qu'on m'a apprise depuis peu.

ARGAN. — Ce n'est pas là ce que je vous demande.

LOUISON. — Quoi donc?

ARGAN. — Ah! rusée, vous savez bien ce que je veux dire.

LOUISON. — Pardonnez-moi, mon papa.

ARGAN. — Est-ce là comme vous m'obéissez?

LOUISON. — Quoi?

ARGAN. — Ne vous ai-je pas recommandé de me venir[2] dire d'abord tout ce que vous voyez?

LOUISON. — Oui, mon papa.

ARGAN. — L'avez-vous fait?

LOUISON. — Oui, mon papa. Je vous suis venu dire tout ce que j'ai vu.

ARGAN. — Et n'avez-vous rien vu aujourd'hui?

LOUISON. — Non, mon papa.

ARGAN. — Non?

LOUISON. — Non, mon papa.

ARGAN. — Assurément?

LOUISON. — Assurément.

ARGAN. — Oh! çà, je m'en vais vous faire voir quelque chose, moi.

(*Il va prendre une poignée de verges.*)

LOUISON. — Ah! mon papa!

ARGAN. — Ah! ah! petite masque,[3] vous ne me dites pas que vous avez vu un homme dans la chambre de votre sœur?

LOUISON. — Mon papa!

ARGAN. — Voici qui vous apprendra à mentir.

LOUISON, *se jette à genoux.* — Ah! mon papa, je vous

demande pardon. C'est que ma sœur m'avait dit de ne pas vous le dire; mais je m'en vais vous dire tout.

ARGAN. — Il faut premièrement que vous ayez le fouet pour avoir menti. Puis, après, nous verrons au reste.

LOUISON. — Pardon, mon papa.

ARGAN. — Non, non.

LOUISON. — Mon pauvre papa, ne me donnez pas le fouet.

ARGAN. — Vous l'aurez.

LOUISON. — Au nom de Dieu, mon papa, que je ne l'aie pas.

ARGAN, *la prenant pour la fouetter*. — Allons, allons.

LOUISON. — Ah! mon papa, vous m'avez blessée. Attendez, je suis morte.

(Elle contrefait la morte.)

ARGAN. — Holà! Qu'est-ce là? Louison, Louison! Ah! mon Dieu! Louison! Ah! ma fille! Ah! malheureux, ma pauvre fille est morte. Qu'ai-je fait, misérable? Ah! chiennes de verges! La peste soit des verges! Ah! ma pauvre fille, ma pauvre petite Louison.

LOUISON. — Là, là, mon papa, ne pleurez point tant; je ne suis pas morte tout à fait.

ARGAN. — Voyez-vous la petite rusée! Oh! çà, çà, je vous pardonne pour cette fois-ci, pourvu que vous me disiez bien tout.

LOUISON. — Oh! oui, mon papa.

ARGAN. — Prenez-y bien garde au moins, car voilà un petit doigt, qui sait tout, qui me dira si vous mentez.

LOUISON. — Mais, mon papa, ne dites pas à ma sœur que je vous l'ai dit.

ARGAN. — Non, non.

LOUISON. — C'est, mon papa, qu'il est venu un homme dans al chambre de ma sœur comme j'y étais.

ARGAN. — Hé bien?

LOUISON. — Je lui ai demandé ce qu'il demandait, et il m'a dit qu'il était son maître à chanter.

ARGAN. — Hon, hon! Voilà l'affaire. Hé bien?

LOUISON. — Ma sœur est venue après.

ARGAN. — Hé bien?

LOUISON. — Elle lui a dit: «Sortez, sortez, sortez! Mon Dieu, sortez! vous me mettez au désespoir.»

ARGAN. — Hé bien?

LOUISON. — Et lui, il ne voulait pas sortir.

ARGAN. — Qu'est-ce qu'il lui disait?

LOUISON. — Il lui disait je ne sais combien de choses.

ARGAN. — Et quoi encore?

LOUISON. — Il lui disait tout ci, tout ça, qu'il l'aimait bien, et qu'elle était la plus belle du monde.

ARGAN. — Et puis après?[4]

LOUISON. — Et puis après il se mettait à genoux devant elle.

ARGAN. — Et puis après?

LOUISON. — Et puis après, il lui baisait les mains.

ARGAN. — Et puis après?

LOUISON. — Et puis après, ma belle-maman est venue à la porte, et il s'est enfui.

ARGAN. — Il n'y a point autre chose?

LOUISON. — Non, mon papa.

ARGAN. — Voilà mon petit doigt pourtant qui gronde quelque chose. (*Il met son doigt à son oreille.*) Attendez. Eh! Ah! ah! Qui? Oh! oh! voilà mon petit doigt qui me dit quelque chose que vous avez vu, et que vous ne m'avez pas dit.

LOUISON. — Ah! mon papa, votre petit doigt est un menteur.

ARGAN. — Prenez garde.

LOUISON. — Non, mon papa, ne le croyez pas; il ment, je vous assure.

ARGAN. — Oh bien, bien, nous verrons cela. Allez-vous-en, et prenez bien garde à tout; allez. Ah! il n'y a plus d'enfants. Ah! que d'affaires! je n'ai pas seulement le loisir de songer à ma maladie. En vérité, je n'en puis plus.[5]

(*Il se remet dans sa chaise.*)

SCÈNE IX: BÉRALDE, ARGAN

BÉRALDE. — Hé bien, mon frère, qu'est-ce? Comment vous
portez-vous?

ARGAN. — Ah! mon frère, fort mal.

BÉRALDE. — Comment, fort mal?

ARGAN. — Oui, je suis dans une faiblesse si grande que cela
n'est pas croyable.

BÉRALDE. — Voilà qui est fâcheux.

ARGAN. — Je n'ai pas seulement la force de pouvoir parler.

BÉRALDE. — J'étais venu ici, mon frère, vous proposer un
parti pour ma nièce Angélique.

ARGAN, *parlant avec emportement et se levant de sa chaise.* —
Mon frère, ne me parlez point de cette coquine-là. C'est une
friponne, une impertinente, une effrontée, que je mettrai dans un
couvent avant qu'il soit deux jours.

BÉRALDE. — Ah! voilà qui est bien. Je suis bien aise que
la force vous revienne un peu et que ma visite vous fasse du
bien. Oh çà, nous parlerons d'affaires tantôt. Je vous amène ici
un divertissement que j'ai rencontré, qui dissipera votre chagrin
et vous rendra l'âme mieux disposée aux choses que nous avons
à dire. Ce sont des Égyptiens vêtus en Mores[1] qui font des
danses mêlées de chansons où[2] je suis sûr que vous prendrez
plaisir, et cela vaudra bien une ordonnance de monsieur Purgon.
Allons.

SECOND INTERMÈDE

Le frère du Malade imaginaire lui amène, pour le divertir, plusieurs Égyptiens et Égyptiennes vêtus en Mores, qui font des danses entremêlées de chansons.

PREMIÈRE FEMME MORE

Profitez du printemps
De vos beaux ans,
Aimable jeunesse;
Profitez du printemps
De vos beaux ans,
Donnez-vous à la tendresse.

Les plaisirs les plus charmants,
Sans l'amoureuse flamme,
Pour contenter une âme
N'ont point d'attraits assez puissants.

Profitez du printemps
De vos beaux ans,
Aimable jeunesse;
Profitez du printemps
De vos beaux ans,
Donnez-vous à la tendresse.

Ne perdez point ces précieux moments;
La beauté passe,
Le temps l'efface,
L'âge de glace
Vient à sa place,
Qui nous ôte le goût de ces doux passe-temps.

Profitez du printemps
De vos beaux ans,
Aimable jeunesse:

Profitez du printemps
   De vos beaux ans,
   Donnez-vous à la tendresse.

SECONDE FEMME MORE

Quand d'aimer on nous presse,
   A quoi songez-vous?
Nos cœurs dans la jeunesse
   N'ont vers la tendresse
   Qu'un penchant trop doux.
L'amour a, pour nous prendre,
   De si doux attraits
Que de soi, sans attendre,
   On voudrait se rendre
   A ses premiers traits;
Mais tout ce qu'on écoute
   Des vives douleurs
Et des pleurs qu'il nous coûte
   Fait qu'on en redoute
   Toutes les douceurs.

TROISIÈME FEMME MORE

Il est doux, à notre âge,
   D'aimer tendrement
      Un amant
      Qui s'engage;
   Mais, s'il est volage,
   Hélas! quel tourment!

QUATRIÈME FEMME MORE

L'amant qui se dégage
   N'est pas le malheur;
      La douleur
      Et la rage,
   C'est que le volage
   Garde notre cœur.

SECONDE FEMME MORE

Quel parti faut-il prendre
    Pour nos jeunes cœurs?

QUATRIÈME FEMME MORE

Devons-nous nous y rendre
    Malgré ses rigueurs?

ENSEMBLE

Oui, suivons ses ardeurs,
Ses transports, ses caprices,
    Ses douces langueurs;
S'il a quelques supplices,
    Il a cent délices
    Qui charment les cœurs.

ENTRÉE DE BALLET

Tous les Mores dansent ensemble et font sauter des singes qu'ils ont amenés avec eux.

ACTE III

BÉRALDE. — Hé bien! mon frère, qu'en dites-vous? Cela ne vaut-il pas bien une prise de casse?

TOINETTE. — Hon! de bonne casse est bonne.

BÉRALDE. — Oh çà, voulez-vous que nous parlions un peu ensemble?

ARGAN. — Un peu de patience, mon frère, je vais revenir.[2]

TOINETTE. — Tenez, monsieur, vous ne songez pas que vous ne sauriez marcher sans bâton.

ARGAN. — Tu as raison.

SCÈNE II: BÉRALDE, TOINETTE

TOINETTE. — N'abandonnez pas, s'il vous plaît, les intérêts de votre nièce.

BÉRALDE. — J'emploierai toutes choses pour lui obtenir ce qu'elle souhaite.

TOINETTE. — Il faut absolument empêcher ce mariage extravagant qu'il s'est mis dans la fantaisie, et j'avais songé en moi-même que ç'aurait été une bonne affaire de pouvoir introduire ici un médecin à notre poste[1] pour le dégoûter de son monsieur Purgon et lui décrier sa conduite. Mais, comme nous n'avons personne en main pour cela, j'ai résolu de jouer un tour de ma tête.

BÉRALDE. — Comment?

TOINETTE. — C'est une imagination burlesque. Cela sera peut-être plus heureux que sage. Laissez-moi faire; agissez de votre côté. Voici notre homme.

SCÈNE III: ARGAN, BÉRALDE

BÉRALDE. — Vous voulez bien, mon frère, que je vous demande, avant toute chose, de ne vous point[1] échauffer l'esprit dans notre conversation.

ARGAN. — Voilà qui est fait.

BÉRALDE. — De répondre sans nulle aigreur aux choses que je pourrai vous dire.

ARGAN. — Oui.

BÉRALDE. — Et de raisonner ensemble, sur les affaires dont nous avons à parler, avec un esprit détaché de toute passion.

ARGAN. — Mon Dieu, oui. Voilà bien du préambule.

BÉRALDE. — D'où vient, mon frère, qu'ayant le bien que vous avez, et n'ayant d'enfants qu'une fille, car je ne compte pas la petite, d'où vient, dis-je, que vous parlez de la mettre dans un couvent?

ARGAN. — D'où vient, mon frère, que je suis maître dans ma famille pour faire ce que bon me semble?

BÉRALDE. — Votre femme ne manque pas de vous conseiller de vous défaire ainsi de vos deux filles, et je ne doute point que, par un esprit de charité, elle ne fût ravie de les voir toutes deux bonnes religieuses.

ARGAN. — Oh çà, nous y voici. Voilà d'abord[2] la pauvre femme en jeu. C'est elle qui fait tout le mal, et tout le monde lui en veut.

BÉRALDE. — Non, mon frère; laissons-la là: c'est une femme qui a les meilleures intentions du monde pour votre famille, et qui est détachée de toute sorte d'intérêt; qui a pour vous une tendresse merveilleuse, et qui montre pour vos enfants une affection et une bonté qui n'est pas concevable; cela est certain. N'en parlons point, et revenons à votre fille. Sur quelle pensée, mon frère, la voulez-vous[3] donner en mariage au fils d'un médecin?

ARGAN. — Sur la pensée, mon frère, de me donner un gendre tel qu'il me faut.

BÉRALDE. — Ce n'est point là, mon frère, le fait de votre fille, et il se présente un parti plus sortable pour elle.

ARGAN. — Oui; mais celui-ci, mon frère, est plus sortable pour moi.

BÉRALDE. — Mais le mari qu'elle doit prendre doit-il être, mon frère, ou pour elle, ou pour vous?

ARGAN. — Il doit être, mon frère, et pour elle et pour moi, et je veux mettre dans ma famille les gens dont j'ai besoin.

BÉRALDE. — Par cette raison-là, si votre petite était grande, vous lui donneriez en mariage un apothicaire.

ARGAN. — Pourquoi non?

BÉRALDE. — Est-il possible que vous serez[4] toujours embéguiné de vos apothicaires et de vos médecins, et que vous vouliez être malade en dépit des gens et de la nature?

ARGAN. — Comment l'entendez-vous, mon frère?

BÉRALDE. — J'entends, mon frère, que je ne vois point d'homme qui soit moins malade que vous, et que je ne demanderais point une meilleure constitution que la vôtre. Une grande marque que vous vous portez bien, et que vous avez un corps parfaitement bien composé, c'est qu'avec tous les soins que vous avez pris, vous n'avez pu parvenir encore à gâter la bonté de votre tempérament, et que vous n'êtes point crevé[5] de toutes les médecines qu'on vous a fait prendre.

ARGAN. — Mais savez-vous, mon frère, que c'est cela qui me conserve, et que monsieur Purgon dit que je succomberais s'il était seulement trois jours sans prendre soin de moi?

BÉRALDE. — Si vous n'y prenez garde, il prendra tant de soin de vous qu'il vous enverra en l'autre monde.

ARGAN. — Mais raisonnons un peu, mon frère. Vous ne croyez donc point à la médecine?

BÉRALDE. — Non, mon frère, et je ne vois pas que pour son salut il soit nécessaire d'y croire.

ARGAN. — Quoi! vous ne tenez pas véritable une chose établie par tout le monde, et que tous les siècles ont révérée?

BÉRALDE. — Bien loin de la. tenir véritable, je la trouve, entre nous, une des plus grandes folies qui soit parmi les hommes, et, à regarder les choses en philosophe, je ne vois point de plus plaisante mômerie;[6] je ne vois rien de plus ridicule qu'un homme qui se veut mêler d'en guérir un autre.

ARGAN. — Pourquoi ne voulez-vous pas, mon frère, qu'un homme en puisse guérir un autre?

BÉRALDE. — Par la raison, mon frère, que les ressorts de notre machine[7] sont des mystères, jusques ici, où les hommes ne voient goutte, et que la nature nous a mis au-devant des yeux des voiles trop épais pour y connaître quelque chose.

ARGAN. — Les médecins ne savent donc rien, à votre compte?

BÉRALDE. — Si fait, mon frère. Ils savent la plupart de fort belles humanités, savent parler en beau latin, savent nommer en grec toutes les maladies, les définir et les diviser; mais, pour ce qui est de les guérir, c'est ce qu'ils ne savent point du tout.

ARGAN. — Mais toujours faut-il demeurer d'accord que sur cette matière les médecins en savent plus que les autres.

BÉRALDE. — Ils savent, mon frère, ce que je vous ai dit, qui ne guérit pas de grand-chose, et toute l'excellence de leur art consiste en un pompeux galimatias, en un spécieux babil, qui vous donne des mots pour des raisons et des promesses pour des effets.

ARGAN. — Mais enfin, mon frère, il y a des gens aussi sages et aussi habiles que vous; et nous voyons que dans la maladie tout le monde a recours aux médecins.

BÉRALDE. — C'est une marque de la faiblesse humaine, et non pas de la vérité de leur art.

ARGAN. — Mais il faut bien que les médecins croient leur art véritable, puisqu'ils s'en servent pour eux-mêmes.

BÉRALDE. — C'est qu'il y en a parmi eux qui sont eux-mêmes dans l'erreur populaire, dont ils profitent, et d'autres qui en profitent sans y être. Votre monsieur Purgon, par exemple, n'y sait point de finesse; c'est un homme tout médecin, depuis la tête jusqu'aux pieds; un homme qui croit à ses règles plus qu'à toutes les démonstrations des mathématiques, et qui croirait du crime à les vouloir examiner; qui ne voit rien d'obscur dans la médecine, rien de douteux, rien de difficile, et qui, avec une impétuosité de prévention, une raideur de confiance, une brutalité de sens commun et de raison, donne au travers des purgations et des saignées, et ne balance aucune chose. Il ne lui faut point vouloir mal de tout ce qu'il pourra vous faire; c'est de la meilleure foi du monde qu'il vous expédiera, et il ne fera, en vous tuant, que ce qu'il fait à sa femme et à ses enfants, et ce qu'en un besoin il ferait à lui-même.[8]

ARGAN. — C'est que vous avez, mon frère, une dent de lait[9] contre lui. Mais, enfin, venons au fait. Que faire donc quand on est malade?

BÉRALDE. — Rien, mon frère.

ARGAN. — Rien?

BÉRALDE. — Rien. Il ne faut que demeurer en repos. La nature, d'elle-même, quand nous la laissons faire, se tire doucement du désordre où elle est tombée. C'est notre inquiétude, c'est notre impatience qui gâte tout, et presque tous les hommes meurent de leurs remèdes,[10] et non pas de leurs maladies.

ARGAN. — Mais il faut demeurer d'accord, mon frère, qu'on peut aider cette nature par de certaines choses.

BÉRALDE. — Mon Dieu, mon frère, ce sont pures idées dont nous aimons à nous repaître, et de tout temps il s'est glissé parmi les hommes de belles imaginations que nous venons à croire, parce qu'elles nous flattent, et qu'il serait à souhaiter qu'elles fussent véritables. Lorsqu'un médecin vous parle d'aider, de secourir, de soulager la nature, de lui ôter ce qui lui nuit et lui donner ce qui lui manque, de la rétablir et de la remettre dans une pleine facilité de ses fonctions; lorsqu'il vous parle de rectifier le sang, de tempérer les entrailles et le cerveau, de dégonfler la rate, de raccommoder la poitrine, de réparer le foie, de fortifier le cœur, de rétablir et conserver la chaleur naturelle, et d'avoir des secrets pour étendre la vie à de longues années, il vous dit justement le roman de la médecine. Mais, quand vous en venez à la vérité et à l'expérience, vous ne trouvez rien de tout cela, et il en est comme de ces beaux songes qui ne vous laissent au réveil que le déplaisir de les avoir crus.

ARGAN. — C'est-à-dire que toute la science du monde est renfermée dans votre tête, et vous voulez en savoir plus que tous les grands médecins de notre siècle.

BÉRALDE. — Dans les discours et dans les choses, ce sont deux sortes de personnes que vos grands médecins: entendez-les parler, les plus habiles du monde; voyez-les faire, les plus ignorants de tous les hommes.

ARGAN. — Ouais! Vous êtes un grand docteur, à ce que je vois, et je voudrais bien qu'il y eût ici quelqu'un de ces messieurs pour rembarrer vos raisonnements et rabaisser votre caquet.

BÉRALDE. — Moi, mon frère, je ne prends point à tâche de combattre la médecine, et chacun, à ses périls et fortune, peut croire tout ce qu'il lui plaît. Ce que j'en dis n'est qu'entre nous, et j'aurais souhaité de pouvoir un peu vous tirer de l'erreur où vous êtes, et, pour vous divertir, vous mener voir, sur ce chapitre, quelqu'une des comédies de Molière.

ARGAN. — C'est un bon impertinent que votre Molière avec ses comédies, et je le trouve bien plaisant d'aller jouer d'honnêtes gens comme les médecins.

BÉRALDE. — Ce ne sont point les médecins qu'il joue, mais le ridicule de la médecine.[11]

ARGAN. — C'est bien à lui à faire[12] de se mêler de contrôler la médecine! Voilà un bon nigaud, un bon impertinent, de se moquer des consultations et des ordonnances, de s'attaquer au corps des médecins, et d'aller mettre sur son théâtre des personnes vénérables comme ces messieurs-là.

BÉRALDE. — Que voulez-vous qu'il y mette, que[13] les diverses professions des hommes? On y met bien tous les jours les princes et les rois, qui sont d'aussi bonne maison que les médecins.

ARGAN. — Par la mort non de diable![14] si j'étais que des médecins, je me vengerais de son impertinence, et, quand il sera malade, je le laisserais mourir sans secours. Il aurait beau faire et beau dire, je ne lui ordonnerais pas la moindre petite saignée, le moindre petit lavement, et je lui dirais: «Crève, crève, cela t'apprendra une autre fois à te jouer à la Faculté.»

BÉRALDE. — Vous voilà bien en colère contre lui.

ARGAN. — Oui, c'est un malavisé, et, si les médecins sont sages, ils feront ce que je dis.

BÉRALDE. — Il sera encore plus sage que vos médecins, car il ne leur demandera point de secours.

ARGAN. — Tant pis pour lui, s'il n'a point recours aux remèdes.

BÉRALDE. — Il a ses raisons pour n'en point vouloir, et il soutient que cela n'est permis qu'aux gens vigoureux et robustes et qui ont des forces de reste pour porter les remèdes avec la maladie; mais que, pour lui, il n'a justement de la force que pour porter son mal.

ARGAN. — Les sottes raisons que voilà! Tenez, mon frère, ne parlons point de cet homme-là davantage, car cela m'échauffe la bile, et vous me donneriez mon mal.

BÉRALDE. — Je le veux bien, mon frère, et, pour changer de discours je vous dirai que, sur une petite répugnance que vous témoigne votre fille, vous ne devez point prendre les résolutions violentes de la mettre dans un couvent; que, pour le choix d'un gendre, il ne vous faut pas suivre aveuglément la passion qui vous emporte, et qu'on doit, sur cette matière, s'accommoder un peu à l'inclination d'une fille, puisque c'est pour toute la vie, et que de là dépend tout le bonheur d'un mariage.

SCÈNE IV: MONSIEUR FLEURANT, *une seringue à la main;*
ARGAN, BÉRALDE

ARGAN. — Ah! mon frère, avec votre permission.

BÉRALDE. — Comment! que voulez-vous faire?

ARGAN. — Prendre ce petit lavement-là, ce sera bientôt fait.

BÉRALDE. — Vous vous moquez. Est-ce que vous ne sauriez
être un moment sans lavement ou sans médecine? Remettez cela
à une autre fois, et demeurez un peu en repos.

ARGAN. — Monsieur Fleurant, à ce soir ou à demain au
matin.

MONSIEUR FLEURANT, *à Béralde.* — De quoi vous mêlez-
vous de vous opposer aux ordonnances de la médecine et
d'empêcher monsieur de prendre mon clystère? Vous êtes bien
plaisant d'avoir cette hardiesse-là!

BÉRALDE. — Allez, monsieur; on voit bien que vous n'avez
pas accoutumé de parler à des visages.

MONSIEUR FLEURANT. — On ne doit point ainsi se jouer
des remèdes et me faire perdre mon temps. Je ne suis venu ici
que sur une bonne ordonnance, et je vais dire à monsieur Purgon
comme on m'a empêché d'exécuter ses ordres et de faire ma
fonction. Vous verrez, vous verrez...

ARGAN. — Mon frère, vous serez cause ici de quelque malheur.

BÉRALDE. — Le grand malheur de ne pas prendre un lavement que monsieur Purgon a ordonné! Encore un coup, mon
frère, est-il possible qu'il n'y ait pas moyen de vous guérir de la
maladie des médecins, et que vous vouliez être toute votre vie
enseveli dans leurs remèdes?

ARGAN. — Mon Dieu, mon frère, vous en parlez comme un
homme qui se porte bien; mais, si vous étiez à ma place, vous
changeriez bien de langage. Il est aisé de parler contre la médecine
quand on est en pleine santé.

BÉRALDE. — Mais quel mal avez-vous?

BÉRALDE. — Vous êtes servi à souhait. Un médecin vous quitte, un autre se présente.

ARGAN. — J'ai bien peur que vous ne soyez cause de quelque malheur.

BÉRALDE. — Encore! Vous en revenez toujours là.

ARGAN. — Voyez-vous, j'ai sur le cœur toutes ces maladies-là que je ne connais point, ces...

SCÈNE VIII: TOINETTE, *en médecin*,[1] ARGAN, BÉRALDE

TOINETTE. — Monsieur, agréez que je vienne vous rendre visite et vous offrir mes petits services pour toutes les saignées et les purgations dont vous aurez besoin.

ARGAN. — Monsieur, je vous suis fort obligé. Par ma foi, voilà Toinette elle-même.

TOINETTE. — Monsieur, je vous prie de m'excuser, j'ai oublié de donner une commission à mon valet, je reviens tout à l'heure.

ARGAN. — Eh! ne diriez-vous pas que c'est effectivement Toinette?

BÉRALDE. — Il est vrai que la ressemblance est tout à fait grande; mais ce n'est pas la première fois qu'on a vu de ces sortes de choses, et les histoires ne sont pleines que de ces jeux de la nature.

ARGAN. — Pour moi, j'en suis surpris, et...

SCÈNE IX: TOINETTE, ARGAN, BÉRALDE

TOINETTE *quitte son habit de médecin si promptement qu'il est difficile de croire que ce soit elle qui a paru en médecin.* — Que voulez-vous, monsieur?

ARGAN. — Comment?

TOINETTE. — Ne m'avez-vous pas appelée?

ARGAN. — Moi? non.

TOINETTE. — Il faut donc que les oreilles m'aient corné.

ARGAN. — Demeure un peu ici pour voir comme ce médecin te ressemble.

TOINETTE, *en sortant, dit.* — Oui, vraiment! J'ai affaire là-bas, et je l'ai assez vu.

ARGAN. — Si je ne les voyais tous deux, je croirais que ce n'est qu'un.[1]

BÉRALDE. — J'ai lu des choses surprenantes de ces sortes de ressemblance, et nous en avons vu, de notre temps, où tout le monde s'est trompé.

ARGAN. — Pour moi, j'aurais été trompé à celle-là, et j'aurais juré que c'est la même personne.

SCÈNE X: TOINETTE, *en médecin,* ARGAN, BÉRALDE

TOINETTE. — Monsieur, je vous demande pardon de tout mon cœur.

ARGAN. — Cela est admirable!

TOINETTE. — Vous ne trouverez pas mauvais,[1] s'il vous plaît, la curiosité que j'ai eue de voir un illustre malade comme vous êtes, et votre réputation, qui s'étend partout, peut excuser la liberté que j'ai prise.

ARGAN. — Monsieur, je suis votre serviteur.

TOINETTE. — Je vois, monsieur, que vous me regardez fixement. Quel âge croyez-vous bien que j'aie?

ARGAN. — Je crois que tout au plus vous pouvez avoir vingt-six ou vingt-sept ans...

TOINETTE. — Ah! ah! ah! ah! ah! J'en ai quatre-vingt-dix.

ARGAN. — Quatre-vingt-dix?

TOINETTE. — Oui. Vous voyez un effet des secrets de mon art, de me conserver ainsi frais et vigoureux.

ARGAN. — Par ma foi, voilà un beau jeune vieillard pour quatre-vingt-dix ans.

TOINETTE. — Je suis médecin passager, qui vais de ville en ville, de province en province, de royaume en royaume, pour chercher d'illustres matières à ma capacité, pour trouver des malades dignes de m'occuper, capables d'exercer[2] les grands et beaux secrets que j'ai trouvés dans la médecine. Je dédaigne de m'amuser à ce menu fatras de maladies ordinaires, à ces bagatelles de rhumatisme et défluxions,[3] à ces fiévrottes,[4] à ces vapeurs et à ces migraines. Je veux des maladies d'importance, de bonnes fièvres continues, avec des transports au cerveau, de bonnes fièvres pourprées, de bonnes pestes, de bonnes hydropisies formées, de bonnes pleurésies, avec des inflammations de poitrine: c'est là que je me plais, c'est là que je triomphe; et je voudrais, monsieur, que vous eussiez toutes les maladies que je viens de dire, que vous fussiez abandonné de tous les médecins, désespéré, à l'agonie, pour vous montrer l'excellence de mes remèdes, et l'envie que j'aurais de vous rendre service.

ARGAN. — Je vous suis obligé, monsieur, des bontés que vous avez pour moi.

TOINETTE. — Donnez-moi votre pouls. Allons donc, que l'on batte comme il faut. Ahy! je vous ferai bien aller comme vous devez. Ouais! ce pouls-là fait l'impertinent; je vois bien que vous ne me connaissez pas encore. Qui est votre médecin?

ARGAN. — Monsieur Purgon.

TOINETTE. — Cet homme-là n'est point écrit sur mes tablettes entre les grands médecins. De quoi dit-il que vous êtes malade?

ARGAN. — Il dit que c'est du foie, et d'autres disent que c'est de la rate.

TOINETTE. — Ce sont tous des ignorants. C'est du poumon que vous êtes malade.

ARGAN. — Du poumon?

TOINETTE. — Oui. Que sentez-vous?

ARGAN. — Je sens de temps en temps des douleurs de tête.

TOINETTE. — Justement, le poumon.[5]

ARGAN. — Il me semble parfois que j'ai un voile devant les yeux.

TOINETTE. — Le poumon.

ARGAN. — J'ai quelquefois des maux de cœur.

TOINETTE. — Le poumon.

ARGAN. — Je sens parfois des lassitudes par tous les membres.

TOINETTE. — Le poumon.

ARGAN. — Et quelquefois il me prend des douleurs dans le ventre, comme si c'était des coliques.

TOINETTE. — Le poumon. Vous avez appétit à ce que vous mangez?

ARGAN. — Oui, monsieur.

TOINETTE. — Le poumon. Vous aimez à boire un peu de vin?

ARGAN. — Oui, monsieur.

TOINETTE. — Le poumon. Il vous prend un petit sommeil après le repas, et vous êtes bien aise de dormir?

ARGAN. — Oui, monsieur.

TOINETTE. — Le poumon, le poumon, vous dis-je. Que vous ordonne votre médecin pour votre nourriture?

ARGAN. — Il m'ordonne du potage.

TOINETTE. — Ignorant!

ARGAN. — De la volaille.

TOINETTE. — Ignorant!

ARGAN. — Du veau.

TOINETTE. — Ignorant!

ARGAN. — Des bouillons.

TOINETTE. — Ignorant!

ARGAN. — Des œufs frais.

TOINETTE. — Ignorant!

ARGAN. — Et, le soir, de petits pruneaux pour lâcher le ventre.

TOINETTE. — Ignorant!

ARGAN. — Et surtout de boire mon vin fort trempé.

TOINETTE. — *Ignorantus, ignoranta, ignorantum!* Il faut boire votre vin pur; et, pour épaissir votre sang, qui est trop subtil, il faut manger de bon gros bœuf, de bon gros porc, de bon fromage de Hollande, du gruau et du riz, et des marrons et des oublies, pour coller et conglutiner. Votre médecin est une bête. Je veux vous en envoyer un de ma main,[6] et je viendrai vous voir de temps en temps, tandis que je serai en cette ville.

ARGAN. — Vous m'obligez beaucoup.

TOINETTE. — Que diantre faites-vous de ce bras-là?

ARGAN. — Comment?

TOINETTE. — Voilà un bras que je me ferais couper tout à l'heure, si j'étais que de vous.

ARGAN. — Et pourquoi?

TOINETTE. — Ne croyez-vous pas qu'il tire à soi toute la nourriture, et qu'il empêche ce côté-là de profiter?

ARGAN. — Oui, mais j'ai besoin de mon bras.

TOINETTE. — Vous avez là aussi un œil droit que je me ferais crever, si j'étais en votre place.

ARGAN. — Crever un œil?

TOINETTE. — Ne voyez-vous pas qu'il incommode l'autre et lui dérobe sa nourriture? Croyez-moi, faites-vous-le crever au plus tôt, vous en verrez plus clair de l'œil gauche.

ARGAN. — Cela n'est pas pressé.

TOINETTE. — Adieu. Je suis fâché de vous quitter si tôt, mais il faut que je me trouve à une grande consultation qui se doit faire pour un homme qui mourut hier.

ARGAN. — Pour un homme qui mourut hier?

TOINETTE. — Oui, pour aviser[7] et voir ce qu'il aurait fallu lui faire pour le guérir.[8] Jusqu'au revoir.

ARGAN. — Vous savez que les malades ne reconduisent point.

BÉRALDE. — Voilà un médecin, vraiment, qui paraît fort habile.

ARGAN. — Oui, mais il va un peu bien vite.

BÉRALDE. — Tous les grands médecins sont comme cela.

ARGAN. — Me couper un bras et me crever un œil, afin que l'autre se porte mieux! J'aime bien mieux qu'il ne se porte pas si bien. La belle opération de me rendre borgne et manchot!

SCÈNE XI: TOINETTE, ARGAN, BÉRALDE

TOINETTE. — Allons, allons, je suis votre servante. Je n'ai pas envie de rire.

ARGAN. — Qu'est-ce que c'est?

TOINETTE. — Votre médecin, ma foi, qui me voulait tâter[1] le pouls.

ARGAN. — Voyez un peu, à l'âge de quatre-vingt-dix ans!

BÉRALDE. — Oh ça, mon frère, puisque voilà votre monsieur Purgon brouillé avec vous, ne voulez-vous pas bien que je vous parle du parti qui s'offre pour ma nièce?

ARGAN. — Non, mon frère, je veux la mettre dans un couvent, puisqu'elle s'est opposée à mes volontés. Je vois bien qu'il y a quelque amourette là-dessous, et j'ai découvert certaine entrevue secrète qu'on ne sait pas que j'aie découverte.

BÉRALDE. — Hé bien! mon frère, quand il y aurait quelque petite inclination, cela serait-il si criminel, et rien peut-il vous offenser, quand tout ne va qu'à des choses honnêtes comme le mariage?

ARGAN. — Quoi qu'il en soit, mon frère, elle sera religieuse; c'est une chose résolue.

BÉRALDE. — Vous voulez faire plaisir à quelqu'un.

ARGAN. — Je vous entends. Vous en revenez toujours là, et ma femme vous tient au cœur.

BÉRALDE. — Hé bien, oui, mon frère, puisqu'il faut parler à cœur ouvert, c'est votre femme que je veux dire; et non plus que l'entêtement de la médecine, je ne puis vous souffrir l'entêtement où vous êtes pour elle, et voir que vous donniez tête baissée dans tous les pièges qu'elle vous tend.

TOINETTE. — Ah! monsieur, ne parlez point de madame; c'est une femme sur laquelle il n'y a rien à dire, une femme sans artifice, et qui aime monsieur, qui l'aime!... On ne peut pas dire cela.

ARGAN. —- Demandez-lui un peu les caresses qu'elle me fait.

TOINETTE. — Cela est vrai.

ARGAN. — L'inquiétude que lui donne ma maladie.

TOINETTE. — Assurément.

ARGAN. — Et les soins et les peines qu'elle prend autour de moi.

TOINETTE. — Il est certain. (*A Béralde.*) Voulez-vous que je vous convainque et vous fasse voir tout à l'heure comme madame aime monsieur? (*A Argan.*) Monsieur, souffrez que je lui montre son bec jaune et le tire d'erreur.

ARGAN. — Comment?

TOINETTE. — Madame s'en va revenir. Mettez-vous tout étendu dans cette chaise, et contrefaites le mort. Vous verrez la douleur où elle sera quand je lui dirai la nouvelle.

ARGAN. — Je le veux bien.

TOINETTE. — Oui, mais ne la laissez pas longtemps dans le désespoir, car elle en pourrait bien mourir.

ARGAN. — Laisse-moi faire.

TOINETTE, *à Béralde.* — Cachez-vous, vous, dans ce coin-là.

ARGAN. — N'y a-t-il point quelque danger à contrefaire le mort?

TOINETTE. — Non, non. Quel danger y aurait-il? Étendez-vous là seulement. (*Bas.*) Il y aura plaisir à confondre votre frère. Voici madame. Tenez-vous bien.

SCÈNE XII: BÉLINE, TOINETTE, ARGAN, BÉRALDE

TOINETTE *s'écrie.* — Ah! mon Dieu! ah! malheur! quel étrange accident!

BÉLINE. — Qu'est-ce, Toinette?

TOINETTE. — Ah! madame!

BÉLINE. — Qu'y a-t-il?

TOINETTE. — Votre mari est mort.

BÉLINE. — Mon mari est mort?

TOINETTE. — Hélas! oui. Le pauvre défunt est trépassé.

BÉLINE. — Assurément?

TOINETTE. — Assurément. Personne ne sait encore cet accident-là, et je me suis trouvée ici toute seule. Il vient de passer entre mes bras. Tenez, le voilà tout de son long dans cette chaise.

BÉLINE. — Le ciel en soit loué! Me voilà délivrée d'un grand fardeau. Que tu es sotte, Toinette, de t'affliger de cette mort!

TOINETTE. — Je pensais, madame, qu'il fallût[1] pleurer.

BÉLINE. — Va, va, cela n'en vaut pas la peine. Quelle perte est-ce que la sienne, et de quoi servait-il sur la terre? Un homme incommode à tout le monde, malpropre, dégoûtant, sans cesse un lavement ou une médecine dans le ventre, mouchant,[2] toussant, crachant toujours, sans esprit, ennuyeux, de mauvaise humeur, fatiguant sans cesse les gens, et grondant jour et nuit servantes et valets.

TOINETTE. — Voilà une belle oraison funèbre.

BÉLINE. — Il faut, Toinette, que tu m'aides à exécuter mon dessein, et tu peux croire qu'en me servant ta récompense est sûre. Puisque, par un bonheur, personne n'est encore averti de la chose, portons-le dans son lit, et tenons cette mort cachée jusqu'à ce que j'aie fait mon affaire. Il y a des papiers, il y a de l'argent, dont je me veux saisir, et il n'est pas juste que j'aie passé sans fruit auprès de lui mes plus belles années. Viens, Toinette: prenons auparavant toutes ses clefs.

ARGAN, *se levant brusquement.* — Doucement.

BÉLINE, *surprise et épouvantée.* — Aïe!

ARGAN. — Oui, madame ma femme, c'est ainsi que vous m'aimez?

TOINETTE. — Ah! ah! le défunt n'est pas mort.

ARGAN, *à Béline, qui sort.* — Je suis bien aise de voir votre amitié[3] et d'avoir entendu le beau panégyrique que vous avez fait de moi. Voilà un avis au lecteur[4] qui me rendra sage à l'avenir, et qui m'empêchera de faire bien des choses.

BÉRALDE, *sortant de l'endroit où il était caché.* — Hé, bien, mon frère, vous le voyez.

TOINETTE. — Par ma foi, je n'aurais jamais cru cela. Mais j'entends votre fille; remettez-vous comme vous étiez; et voyons de quelle manière elle recevra votre mort. C'est une chose qu'il n'est pas mauvais d'éprouver; et puisque vous êtes en train, vous connaîtrez par là les sentiments que votre famille a pour vous.

SCÈNE XIII: ANGÉLIQUE, ARGAN, TOINETTE, BÉRALDE

TOINETTE, *s'écrie.* — O ciel! ah! fâcheuse aventure! malheureuse journée!

ANGÉLIQUE. — Qu'as-tu, Toinette, et de quoi pleures-tu?

TOINETTE. — Hélas! j'ai de tristes nouvelles à vous donner.

ANGÉLIQUE. — Hé quoi!

TOINETTE. — Votre père est mort.

ANGÉLIQUE. — Mon père est mort, Toinette?

TOINETTE. — Oui, vous le voyez là. Il vient de mourir tout à l'heure d'une faiblesse qui lui a pris.

ANGÉLIQUE. — O ciel! quelle infortune! quelle atteinte cruelle! Hélas! faut-il que je perde mon père, la seule chose qui me restait au monde, et qu'encore, pour un surcroît de désespoir, je le perde dans un moment où il était irrité contre moi! Que deviendrai-je, malheureuse, et quelle consolation trouver après une si grande perte?

SCÈNE XIV: CLÉANTE, ANGÉLIQUE, ARGAN,
TOINETTE, BÉRALDE

CLÉANTE. — Qu'avez-vous donc, belle Angélique? et quel malheur pleurez-vous?

ANGÉLIQUE. — Hélas! je pleure tout ce que dans la vie je pouvais perdre de plus cher et de plus précieux. Je pleure la mort de mon père.

CLÉANTE. — O ciel! quel accident! quel coup inopiné! Hélas! après la demande que j'avais conjuré votre oncle de lui faire pour moi, je venais me présenter à lui et tâcher, par mes respects et par mes prières, de disposer son cœur à vous accorder à mes vœux.

ANGÉLIQUE. — Ah! Cléante, ne parlons plus de rien. Laissons là toutes les pensées du mariage. Après la perte de mon père, je ne veux plus être du monde,[1] et j'y renonce pour jamais. Oui, mon père, si j'ai résisté tantôt à vos volontés, je veux suivre du moins une de vos intentions et réparer par là le chagrin que je m'accuse de vous avoir donné. Souffrez, mon père, que je vous en donne ici ma parole, et que je vous embrasse pour vous témoigner mon ressentiment.[2]

ARGAN *se lève*. — Ah! ma fille!

ANGÉLIQUE, *épouvantée*. — Aïe!

ARGAN. — Viens. N'aie point de peur, je ne suis pas mort. Va, tu es mon vrai sang, ma véritable fille, et je suis ravi d'avoir vu ton bon naturel.

ANGÉLIQUE. — Ah! quelle surprise agréable, mon père! Puisque, par un bonheur extrême, le ciel vous redonne à mes vœux, souffrez qu'ici je me jette à vos pieds pour vous supplier d'une chose. Si vous n'êtes pas favorable au penchant de mon cœur, si vous me refusez Cléante pour époux, je vous conjure, au moins, de ne me point forcer d'en épouser un autre. C'est toute la grâce que je vous demande.

CLÉANTE *se jette à genoux*. — Eh! monsieur, laissez-vous

toucher à³ ses prières et aux miennes, et ne vous montrez point contraire aux mutuels empressements d'une si belle inclination.

BÉRALDE. — Mon frère, pouvez-vous tenir là contre?

TOINETTE. — Monsieur, serez-vous insensible à tant d'amour?

ARGAN. — Qu'il se fasse médecin, je consens au mariage. Oui, faites-vous médecin, je vous donne ma fille.

CLÉANTE. — Très volontiers; s'il ne tient qu'à cela pour être votre gendre, je me ferai médecin, apothicaire même,⁴ si vous voulez. Ce n'est pas une affaire que cela, et je ferais bien d'autres choses pour obtenir la belle Angélique.

BÉRALDE. — Mais, mon frère, il me vient une pensée. Faites-vous médecin vous-même. La commodité sera encore plus grande d'avoir en vous tout ce qu'il vous faut.

TOINETTE. — Cela est vrai. Voilà le vrai moyen de vous guérir bientôt; et il n'y a point de maladie si osée que de se jouer à la personne d'un médecin.

ARGAN. — Je pense, mon frère, que vous vous moquez de moi. Est-ce que je suis en âge d'étudier?

BÉRALDE. — Bon, étudier! Vous êtes assez savant; et il y en a beaucoup parmi eux qui ne sont pas plus habiles que vous.

ARGAN. — Mais il faut savoir bien parler latin, connaître les maladies et les remèdes qu'il y faut faire.

BÉRALDE. — En recevant la robe et le bonnet de médecin, vous apprendrez tout cela, et vous serez après plus habile que vous ne voudrez.

ARGAN. — Quoi! l'on sait discourir sur les maladies quand on a cet habit-là?

BÉRALDE. — Oui. L'on n'a qu'à parler; avec une robe et un bonnet, tout galimatias devient savant, et toute sottise devient raison.

TOINETTE. — Tenez, monsieur, quand il n'y aurait que votre barbe,⁵ c'est déjà beaucoup, et la barbe fait plus de la moitié d'un médecin.

CLÉANTE. — En tout cas je suis prêt à tout.

BÉRALDE. — Voulez-vous que l'affaire se fasse tout à l'heure?

ARGAN. — Comment, tout à l'heure?

BÉRALDE. — Oui, et dans votre maison.

ARGAN. — Dans ma maison?

BÉRALDE. — Oui. Je connais une Faculté de mes amies qui viendra tout à l'heure en faire la cérémonie dans votre salle. Cela ne vous coûtera rien.

ARGAN. — Mais moi, que dire? que répondre?

BÉRALDE. — On vous instruira en deux mots, et l'on vous donnera par écrit ce que vous devez dire. Allez-vous-en vous mettre en habit décent, je vais les envoyer quérir.

ARGAN. — Allons, voyons cela.

CLÉANTE. — Que voulez-vous dire, et qu'entendez-vous avec cette Faculté de vos amies?

TOINETTE. — Quel est donc votre dessein?

BÉRALDE. — De nous divertir un peu ce soir. Les comédiens ont fait un petit intermède de la réception d'un médecin, avec des danses et de la musique; je veux que nous en prenions ensemble le divertissement, et que mon frère y fasse le premier personnage.

ANGÉLIQUE. — Mais, mon oncle, il me semble que vous vous jouez un peu beaucoup de mon père.

BÉRALDE. — Mais, ma nièce, ce n'est pas tant le jouer que s'accommoder à ses fantaisies. Tout ceci n'est qu'entre nous. Nous y pouvons aussi prendre chacun un personnage, et nous donner ainsi la comédie les uns aux autres. Le carnaval autorise cela. Allons vite préparer toutes choses.

CLÉANTE, à *Angélique*. — Y consentez-vous?

ANGÉLIQUE. — Oui, puisque mon oncle nous conduit.

TROISIÈME INTERMÈDE:[1]

C'est une cérémonie burlesque d'un homme qu'on fait médecin en récit, chant et danse.

ENTRÉE DE BALLET

Plusieurs tapissiers viennent préparer la salle et placer les bancs en cadence. Ensuite de quoi toute l'assemblée, composée de huit porte-seringues, six apothicaires, vingt-deux docteurs, et celui qui se fait recevoir médecin, huit chirurgiens dansants et deux chantants, chacun entre et prend ses places selon son rang.

PRÆSES

Savantissimi doctores,
Medicinæ professores,
Qui hic assemblati estis,
Et vos, altri messiores
Sententiarum Facultatis
Fideles executores,
Chirurgiani et apothicari,
Atque tota compania aussi,
Salus, honor et argentum,
Atque bonum appetitum.
Non possum, docti confreri,
En moi satis admirari
Qualis bona inventio
Est medici professio;
Quam bella chosa est et bene trovata,
Medicina illa benedicta,
Quæ, suo nomine solo,
Surprenanti miraculo,
Depuis si longo tempore,
Facit à gogo vivere
Tant de gens omni genere.

Per totam terram videmus
Grandam vogam ubi sumus,

Et quod grandes et petiti
Sunt de nobis infatuti:
Totus mundus, currens ad nostros remedios,
Nos regardat sicut deos,
Et nostris ordonnanciis
Principes et reges soumissos videtis.

Donque il est nostræ sapientiæ,
Boni sensus atque prudentiæ,
De fortement travaillare,
A nos bene conservare
In tali credito, voga et honore,
Et prendere gardam à non recevere
In nostro docto corpore
Quam personas capabiles,
Et totas dignas remplire
Has plaças honorabiles.

C'est pour cela que nunc convocati estis,
Et credo quod trovabitis
Dignam materiam medici
In savanti homine que voici,
Lequel, in chosis omnibus,
Dono ad interrogandum
Et à fond examinandum
Vostris capacitatibus.

PRIMUS DOCTOR

Si mihi licentiam dat dominus præses,
Et tanti docti doctores,
Et assistantes illustres,
Très savanti bacheliero,
Quem estimo et honoro,
Domandabo causam et rationem quare
Opium facit dormire.

BACHELIERUS

Mihi a docto doctore
Domandatur causam et rationem quare
Opium facit dormire?
A quoi respondeo
Quia est in eo
Virtus dormitiva,
Cujus est natura
Sensus assoupire.

CHORUS

Bene, bene, bene, bene respondere:
Dignus, dignus est intrare
In nostro docto corpore.
Bene, bene respondere.

SECUNDUS DOCTOR

Cum permissione domini præsidis,
Doctissimæ Facultatis,
Et totius his nostris actis
Companiæ assistantis,
Domandabo tibi, docte bacheliere,
Quæ sunt remedia,
Quæ in maladia
Dite hydropisia
Convenit facere.

BACHELIERUS

Clysterium donare,
Postea seignare,
Ensuita purgare.

CHORUS

Bene, bene, bene, bene respondere:
Dignus, dignus est intrare
In nostro docto corpore.

TERTIUS DOCTOR

Si bonum semblatur domino præsidi,
> Doctissimæ Facultati
> Et companiæ præsenti,
Domandabo tibi, docte bacheliere,
> Quæ remedia eticis,
> Pulmonicis atque asmaticis,
> Trovas à propos facere.

BACHELIERUS

> Clysterium donare,
> Postea seignare,
> Ensuita purgare.

CHORUS

Bene, bene, bene, bene respondere:
> Dignus, dignus est intrare
> In nostro docto corpore.

QUARTUS DOCTOR

> Super illas maladias,
Doctus bachelierus dixit maravillas,
Mais, si non ennuyo dominum præsidem,
> Doctissimam Facultatem,
> Et totam honorabilem
> Companiam ecoutantem,
> Faciam illi unam questionem:
> De hiero maladus unus
> Tombavit in meas manus:
Habet grandam fievram cum redoublamentis,
> Grandam dolorem capitis,
> Et grandum malum au costé,
> Cum granda difficultate
> Et pena de respirare:
> Veillas mihi dire,
> Docte bacheliere,
> Quid illi facere?

BACHELIERUS

Clysterium donare,
Postea seignare,
Ensuita purgare.

QUINTUS DOCTOR

Mais si maladia,
Opiniatria,
Non vult se guarire,
Quid illi facere?

BACHELIERUS

Clysterium donare,
Postea seignare,
Ensuita purgare,
Reseignare, repurgare et reclysterisare.

CHORUS

Bene, bene, bene, bene respondere:
Dignus, dignus est intrare
In nostro docto corpore.

PRÆSES

Juras gardare statuta
Per Facultatem præscripta,
Cum sensu et jugeamento?

BACHELIERUS

Juro.

PRÆSES

Essere in omnibus
Consultationibus
Ancieni aviso,
Aut bono,
Aut mauvaiso?

BACHELIERUS

Juro.

PRÆSES

De non jamais te servire
De remediis aucunis,
Quam de ceux seulement doctæ Facultatis;
Maladus dût-il crevare
Et mori de suo malo?

BACHELIERUS

Juro.

PRÆSES

Ego, com isto boneto
Venerabili et docto,
Dono tibi et concedo
Virtutem et puissanciam
Medicandi,
Purgandis,
Seignandi,
Perçandi,
Taillandi,
Coupandi,
Et occidendi
Impune per totam terram.

ENTRÉE DE BALLET

Tous les chirurgiens et apothicaires viennent lui faire la révérence en cadence.

BACHELIERUS

Grandes doctores doctrinæ,
De la rhubarbe et du séné,
Ce serait sans doute à moi chosa folla,
Inepta et ridicula,
Si j'alloibam m'engageare
Vobis louangeas donare,
Et entreprenoibam adjoutare
Des lumieras au soleillo
Et des etoilas au cielo,

Des ondas à l'Oceano
Et des rosas au printanno;
Agreate qu'avec uno moto,
Pro toto remercimento,
Rendam gratiam corpori tam docto.
Vobis, vobis debeo
Rien plus qu'à naturæ et qu'à patri meo:
Natura et pater meus
Hominem me habent factum;
Mais vos me, ce qui est bien plus,
Avetis factum medicum,
Honor, favor, et gratia,
Qui in hoc corde que voilà,
Imprimant ressentimenta
Qui dureront in sæcula.

CHORUS

Vivat, vivat, vivat, vivat, cent fois vivat,
Novus doctor, qui tam bene parlat!
Mille, mille annis, et manget, et bibat
·Et seignet, et tuat!

ENTRÉE DE BALLET

Tous les chirurgiens et les apothicaires dansent au son des instruments et des voix, et des battements de mains, et des mortiers d'apothicaires.

CHIRURGUS

Puisse-t-il voir doctas
Suas ordonnancias
Omnium chirurgorum
Et apothiquarum
Remplire boutiquas!

CHORUS

Vivat, vivat, vivat, vivat, cent fois vivat,
Novus doctor, qui tam bene parlat!
Mille, mille annis, et manget, et bibat,
Et seignet, et tuat!

CHIRURGUS

Puissent toti anni
Lui essere boni
Et favorabiles,
Et n'habere jamais
Quam pesta, verolas,
Fievras, pluresias,
Fluxus de sang et dyssenterias.

CHORUS

Vivat, vivat, vivat, vivat, cent fois vivat,
Novus doctor, qui tam bene parlat!
Mille, mille annis, et manget, et bibat,
Et seignet, et tuat!

DERNIÈRE ENTRÉE DE BALLET

Des médecins, des chirurgiens et des apothicaires, qui sortent tous, selon leur rang en cérémonie, comme ils sont entrés.

NOTES

Words and phrases which are given in easily available dictionaries such as
Harrap's Shorter French and English Dictionary *are not commented on here.*
Linguistic comment is limited mostly to archaic syntax and vocabulary, and
wherever possible such archaic forms are explained by means of quotations from
seventeenth-century dictionaries, designated by the following abbreviations:

A. = *Dictionnaire de l'Académie française*, 3 vols. (Amsterdam), 1696.
F. = *Dictionnaire universel*, ed. A. Furetière, 3 vols. (La Haye et Rotterdam), 1690.
R. = *Dictionnaire français*, ed. P. Richelet (Genève), 1693.
Reference is also made to G. Cayrou: *Le Français classique* (Paris) 1948.

Acteurs

1. *Argan:* The Elzevir edition of 1674 gives the following description of Argan's costume: 'De gros bas, des mules, un haut-de-chausses étroit, une camisole rouge avec quelque galon ou dentelle, un mouchoir de cou à vieux passements, négligemment attaché, un bonnet de nuit avec la coiffe de dentelle.'

2. *amant:* used as a synonym of *amoureux* in the seventeenth century.

3. *Diafoirus:* Like Purgon and Bonnefoi, both Diafoirus and Fleurant are symbolic names. Diafoirus is based on Old French *foire* = diarrhœa; Fleurant comes from *fleurer*: 'Répandre une odeur' (A.).

Prologue

1. *Églogue:* 'Poème qui représente un sujet champêtre . . . Sa matière sont les amours des bergers' (R.). The choice of a pastoral setting is explained by the dancing-master in *Le Bourgeois gentilhomme*: 'Lorsqu'on a des personnes à faire parler en musique, il faut bien que, pour la vraisemblance, on donne dans la bergerie. Le chant a été de tout temps affecté aux bergers, et il n'est guère naturel en dialogue que des princes ou des bourgeois chantent leurs passions.'

2. *succès:* 'Issue d'une affaire. Il se dit en bonne et mauvaise part' (F.).

3. *fier:* 'Fougueux, violent' (Cayrou).

Acte I

4. *foudre:* both genders were common in the seventeenth century, whereas today only the feminine would be used.

5. *neveux:* 'Au pluriel, se dit de tous les hommes qui viendront après nous, de la postérité' (F.).

6. *ailes de cire:* an allusion to the mythological fate of Icarus.

Autre Prologue

1. This is the only Prologue in the 1674 *livret*, where it is accompanied by the following indications: 'Le théâtre représente une forêt. L'ouverture du théâtre se fait par un bruit agréable d'instruments. Ensuite, une bergère vient se plaindre tendrement de ce qu'elle ne trouve aucun remède pour soulager les peines qu'elle endure. Plusieurs Faunes et Ægypans, assemblés pour des fêtes et des jeux qui leur sont particuliers, rencontrent la bergère. Ils écoutent ses plaintes et forment un spectacle très divertissant.'

Acte I, Scène I

1. *parties:* 'Terme de marchand . . . Mémoire de ce que le marchand a fourni à un particulier. Le mot de *parties* en ce sens est toujours pluriel' (R.)

Argan does his accounts by means of counters, which are set out in a line and represent the following values: ½ *sol*, 1 *sol*, 5 *sols*, 10 *sols*, 1 *livre*, 5 *livres*, 10 *livres*, 20 *livres*. By adding and subtracting the appropriate amounts, he can always see the final sum. The operation is complicated here by his habit of dividing by half whatever sum has been charged by his apothecary, on the grounds that the latter consistently overcharges. The relative values of the money are as follows: 12 *deniers* = 1 *sol*; 20 *sols* = 1 *livre* (or 1 *franc*). Economic historians estimate that the value of the *livre* fluctuated in the seventeenth century between eight shillings and one pound by today's values.

2. *insinuatif:* i.e. preparing the way for the next clyster.

3. *rémollient:* the modern form is *émollient*.

4. *détersif:* 'Terme d'apothicaire. Un médicament détersif, c'est-à-dire, qui ôte et nettoie' (R.).

5. *catholicon double:* also known as *diacatholicon*, which was a reinforced preparation of *catholicon*: 'Terme d'apothicaire. Composition de divers médicaments servant à purger toutes sortes de méchantes humeurs, la bile, la pituite, etc.' (R.).

6. *julep:* 'Potion composée avec des eaux distillées et avec des sirops, auxquels on ajoute quelquefois des poudres et autres médicaments' (R.).

7. *corroboratif:* 'Un remède corroboratif, c'est-à-dire, qui fortifie' (R.).

8. *vivre* = *savoir vivre:* 'behave decently'.

Acte I

9. *carminatif:* 'Terme de médecine. Qui empêche les vents, qui chasse les vents' (R.).

10. *pour hâter d'aller:* i.e. a laxative.

11. *dulcoré:* archaic version of *édulcoré.*

12. *tempérer et rafraichir:* According to Galenic theory, the right temperament depended on the correct balance in the body of the four primary qualities: heat, cold, wet and dry. On the grounds that his temperament is too hot, Argan is given a cooling medicine.

13. The *grain* was an old measurement of weight (= ·0532 grammes). *Bézoard:* a calculus or concretion found in the stomach of certain animals, and which was considered to have the medicinal properties of an antidote to certain poisons.

14. *à tous les diables:* = *je t'envoie à tous les diables.*

Acte I, Scène II

1. *Çamon:* 'C'est bien cela; oui bien; oui certes, surtout avec une nuance ironique' (Cayrou).

2. *égosiller:* a characteristic example of the omission of the reflexive pronoun after the auxiliary verb *faire.*

3. *Ôte-moi ceci:* Argan refers to the table and counters. His chair is not a *chaise percée,* as some editors and producers seem to think.

Acte I, Scène III

1. *affaires:* the *chaise percée* was also known as the *chaise d'affaires,* hence the meaning of Toinette's joke.

Acte I, Scène IV

1. *discours:* 'topic'.

2. *doux empressements:* Angélique speaks in the flowery language of a young girl who has no doubt read a great many romantic novels of the kind penned by the *précieuse* Mlle de Scudéry.

Acte I, Scène V

1. *où:* the seventeenth century preferred this form, known as the relative adverb, to the heavier modern construction of *lequel,* preceded by a preposition.

2. *aheurté:* 'Ce mot se dit des personnes et signifie opiniâtre, qui est attaché à un sentiment dont il ne veut pas démordre' (R.).

3. *feindrai:* 'Feindre: Hésiter à faire quelque chose, en faire difficulté. En ce sens, il ne se dit guère qu'avec la négative' (A.).

4. *connaître:* see Acte I, scène II, n. 2.

5. *toute:* used adverbially, *tout* would now no longer agree in this context.

6. *ébaubie:* '*Ébaubi:* terme populaire. Étonné, tout surpris' (R.). The modern equivalent is *ébahi.*

7. *connais = reconnais.*

8. *à même des:* 'On dit *être à même* en parlant d'une personne qui aime extrêmement quelque chose et qui se trouve en état de se satisfaire pleinement là-dessus' (A.). Today, the expression is normally only followed by an infinitive construction.

9. *huit mille bonnes livres de rente:* allowing for an interest rate of 5 per cent., M. Purgon's capital must have been very large indeed, probably over 160,000 *livres.*

10. *elle ne le fera pas:* from this point up to Argan's statement: 'Je ne suis pas bon, et je suis méchant quand je veux', Molière has reproduced almost literally the dialogue between Scapin and Argante in *Les Fourberies de Scapin,* Act I, sc. IV. There is also a very similar development in *Tartuffe,* Act II, sc. II.

11. *vous peuvent déshonorer:* in modern French, the pronoun follows the modal verb.

12. *Je m'intéresse:* '*S'intéresser:* s'engager à fond, prendre délibérément parti' (Cayrou).

Acte I, Scène VI

1. *mamie:* an archaic form (= *m'amie*) dating from the time when the feminine form of the possessive adjective was used (and elided) before a feminine noun beginning with a vowel.

2. *mamour:* another archaic form (analogous to *mamie*) which is explained by the fact that *amour* was more usually treated as a feminine noun until the Académie ruled for the masculine in 1718.

3. *serein:* 'Exhalaisons chaudes que la terre, durant un jour d'été fort ardent, a poussées dans l'air et qui après le coucher du soleil tombent sur la terre' (R.).

Acte I, Scène VII

1. The 1682 edition adds the following note to this scene: 'Cette scène entière n'est point, dans les éditions précédentes, de la prose de Monsieur Molière; la voici, rétablie sur l'original de l'auteur.'

2. See Acte I, scène V, n. 1.

Acte I

3. *Coutume:* This is customary law, particular to a given province, as opposed to the *pays de droit écrit*, where Roman Law continued in force. It was mainly the provinces north of the Loire (in the area covered by the Frankish settlement) that had developed their own customary law. M. Bonnefoi quotes here from memory, though very accurately, the end of article CCLXXX of the *Coutume de Paris*.

4. *détours de la conscience:* doubtful methods of circumventing normal moral principles. '*Détour:* prétexte, finesse, biais peu sincère' (R.).

5. *S'il vient faute de vous:* 'If I am left without you'.

Acte I, Scène VIII

1. See Acte I, scène VII, n. 1.

2. *fait:* the verb *faire* was used much more extensively in the seventeenth century than today.

3. *changer de batterie:* 'Ces mots se disent, au figuré, pour signifier: se servir de nouveaux moyens pour faire réussir une affaire' (R.).

4. *du grand matin:* = *de grand matin.*

Premier Intermède

1. *Polichinelle:* the French version of Pulcinella, who became Punch in England. He was a stock comic figure of Neapolitan origin in the *commedia dell'arte*, where he originally took the rôle of *ʒanni* or servant. His origins explain the presence in this *intermède* of the Italian songs.

2. *t'amuses-tu:* '*S'amuser:* s'occuper, s'appliquer, passer son temps' (R.).

3. *Notte:* An earlier French editor of the play, Auger, translated the Italian words in the form of a *rondeau*, which goes as follows:

'Nuit et jour je vous aime et vous adore. — Je demande un oui pour mon réconfort; — Mais si vous dites un non, — Belle ingrate, je mourrai.

'Au sein de l'espérance — Le cœur s'afflige; — Dans l'absence — Il consume tristement les heures. — Ah! la douce illusion, — Qui me fait apercevoir — La fin prochaine de mon tourment, — Dure trop longtemps. — Pour trop vous aimer, je languis, je meurs.

'Nuit et jour, etc.

'Si vous ne dormez pas, — Au moins pensez — Aux blessures — Que vous faites à mon cœur; — Si vous me faites périr — Ah! pour ma consolation — Feignez au moins — De vous le reprocher: — Votre pitié diminuera mon martyre.

'Nuit et jour, etc.'

4. *Zerbinetti:* Auger translates as follows:

'Petits galants, qui à chaque instant, avec des regards trompeurs — Des soupirs fallacieux — Et des accents perfides, — Vous vantez d'être fidèles, — Ah! vous ne me trompez plus. — Je sais par expérience — Qu'on ne trouve en vous — Ni constance ni foi: — Oh! combien est folle celle qui vous croit!

'Ces regards languissants — Ne m'attendrissent plus; — Ces soupirs brûlants — Ne m'enflamment plus, — Je vous le jure sur ma foi. — Pauvre galant — Mon cœur, rendu à la liberté — Veut toujours rire — De vos plaintes. — Croyez-moi: — Je sais par expérience, etc.'

5. *avant que de:* the *que* is omitted in modern French.

6. *pistoles:* '*Pistole:* monnaie d'or étrangère, battue en Espagne et en quelques endroits d'Italie . . . Par une déclaration de 1652, la pistole fut mise à 10 livres comme le louis d'or' (F.).

7. *croquignoles:* 'C'est un coup qu'on donne sur la tête avec le second et le troisième doigt fermés' (R.).

8. Molière seems to have taken the general outline for this *intermède* from an Italian comedy: *Candelaio*, by Giordano Bruno Nolano, published in Paris in 1582. In 1633, a French version of the same play, entitled *Boniface et le Pédant*, was also published in Paris.

Acte II, Scène I

1. A new day begins with Act II, the *premier intermède* having taken place at night; the play nevertheless observes the unity of time, since the action is completed within twenty-four hours.

2. *me laissez:* until the eighteenth century, when two imperatives are used consecutively, the pronoun object of the second precedes the verb.

Acte II, Scène II

1. *oublié à:* this verb is now used with the preposition *de*.

2. *parler à vous:* this form (where today we should write: *vous parler*) is found elsewhere in Molière's work, but nearly always attributed to servants, which suggests that Molière deliberately wrote the phrase containing the incorrect syntax.

3. *émouvoir:* 'Troubler un peu la santé, l'altérer' (R.).

Acte II, Scène III

1. *champs:* 'Au pluriel, se dit par opposition à tout ce qui est enfermé dans les villes' (F.).

Acte II

2. *montrer:* 'Enseigner' (R.).

3. *Qui:* archaic usage (= Latin *quid*) for *qu'est-ce qui.*

4. *en dormant:* until the end of the eighteenth century, it is still common for the subject of the participle to be different from that of the main verb.

Acte II, Scène IV

1. *engendré:* a pun, the meaning of the verb being here 'to get a son-in-law'. It is found earlier in the work of Rotrou and Thomas Corneille.

2. *mandez-le un peu:* 'just tell this'.

3. *prie: 'Prier:* inviter' (F.).

Acte II, Scène V

1. *de mauvaise grâce:* 'clumsily'.

2. *Monsieur:* The construction of Thomas's speech follows the rules of rhetoric as taught in the *collèges.* Previous editors have suggested plausibly that the prototype for the pattern might well be Cicero's speech following his return from exile: *Post reditum ad Quirites,* II. Similar rhetorical patterns abound in contemporary novels, such as *L'Astrée.*

3. *ne plus ne moins:* The grammarian Vaugelas, in his *Remarques sur la langue francaise* (1647), condemned the use of *ne* for *ni,* but nevertheless defended *ne* in this phrase.

4. *dores-en-avant:* Richelet's dictionary already gives the modern form (*dorénavant*)—which indicates that Molière has deliberately chosen to make Thomas Diafoirus speak in an antiquated style.

5. *mièvre:* 'Se dit d'un enfant vif, remuant et un peu malicieux' (A.).

6. *régents:* 'Professeur qui enseigne une classe dans quelque collège' (R.).

7. *licences:* 'Se dit des simples lettres qu'on prend dans les Universités, tant en théologie qu'en droit et en médecine' (F.). The diploma of *bachelier* was granted after two years' study, at the age of twenty-five; another two years were necessary for the diploma of *licencié.*

8. *acte:* 'Terme d'école de théologie, de droit canon, de philosophie ou de médecine. C'est une action publique qui se fait dans une salle parée pour cela, et où un théologien, un médecin ou un philosophe répond, sur de certaines matières qu'il a fait imprimer dans ses thèses, . . . à tous ceux qui lui font l'honneur de disputer contre lui, et tâche à résoudre avec esprit les difficultés qu'ils lui proposent' (R.).

9. *la circulation du sang:* Harvey's discovery dated from 1619 and was published in 1628 in his *Exercitatio anatomica de motu cordis et sanguinis.* His followers were accordingly known in France as the *circulateurs.*

10. *meuble:* 'Objet, chose le plus souvent encombrante, embarrassante' (Cayrou).

11. *image:* theses were normally illuminated manuscripts.

12. *demeurer:* 'remain faithful to'. Cf. *Dom Juan*, I, 2: 'Tu veux qu'on se lie à demeurer au premier objet qui nous prend?'

13. *dans les formes:* a stock joke against the doctors which Molière uses elsewhere. Cf. *L'Amour médecin:* 'Ce n'est pas qu'avec tout cela votre fille ne puisse mourir; mais au moins vous aurez fait quelque chose et vous aurez la consolation qu'elle sera morte dans les formes' (II, 5).

14. *ne vous défendez point: 'Se défendre:* s'excuser' (R.).

15. *me laissez:* See Acte II, scène I, n. 2.

16. *peuvent faire:* ellipsis of the normal *en.*

17. *D'abord:* 'Aussitôt' (R.).

18. *passe:* = *se passe.*

19. *les paroles avec les notes mêmes:* it has been suggested that Molière here had in mind Cyrano de Bergerac's *Histoire comique des États et Empires de la Lune* (1657), where the 'lunar' nobility employ a language of musical notes. Cf. J. R. Knowlson: 'The "Invention nouvelle" of Cléante', *Modern Language Review*, 1963. Molière seems to have got his general inspiration for Cléante's ruse from a play which his own troupe often performed: Thomas Corneille's *Don Bertrand de Cigarral* (first performed in 1650).

Acte II, Scène VI

1. *nécessaire à:* the preposition would today be *pour*, but *à* was used much more widely in the seventeenth century.

2. *Le mariage est une chaîne:* signs have already been noted of Angélique's romantic outlook (cf. Acte I, scène IV, n. 2). Here she again voices the characteristic views of the seventeenth-century *précieuses*, with their demands for a more enlightened approach to marriage, in place of the old system of enforced matches.

3. *Nego consequentiam:* 'I deny the consequence (of your hypothesis)'. A common term used in dialectical disputes in the schools.

4. *donnez-vous patience:* = *prenez patience.*

5. *douaires:* 'Pension viagère que le mari donne après sa mort à sa femme' (R.).

6. *que:* = *d'autre que.*

7. *rangerai: 'Ranger:* réduire; mettre une personne à son devoir' (R.).

8. *duriuscule:* a Latinism meaning 'slightly hard'.

Acte II

9. *caprisant:* = *capricant.*

10. *parenchyme:* the parenchyma is the essential tissue of an organ of the body, in this case the spleen.

11. *vas breve du pylore:* the short vessel of the pylorus, which is the opening from the stomach into the intestine.

12. *méats cholidoques:* the meatuses or passages through which the bile passes.

13. *les nombres pairs:* cf. Montaigne's *Essais*, II, 37: 'Je laisse à part le nombre impair de leurs pilules, la distinction de certains jours et fêtes de l'année, la distinction des heures à cueillir les herbes de leurs ingrédients.'

Acte II, Scène VII

1. *d'abord:* see Acte II, scène V, n. 17.

Acte II, Scène VIII

1. *Peau d'âne:* an oral version of the tale which Perrault was to publish in 1694. The 'fable du Corbeau et du Renard' was the second of the First Book of La Fontaine's *Fables*, published in 1668. Both stories illustrate how people can be fooled by an invented story, but perhaps this is too subtle an explanation for Louison's choice of these two particular stories!

2. *me venir dire:* = *venir me dire.*

3. *masque:* 'Une injure que le peuple dit aux femmes pour leur reprocher la laideur, ou la vieillesse, et surtout la malice' (A.).

4. *Et puis après:* a more discreet variant of the equivocal situation in *L'École des femmes*, Act II, sc. VI, where Arnolphe interrogates Agnès on her behaviour with Horace.

5. *Je n'en puis plus:* this was one of the scenes which moved Goethe, in his *Gespräche mit Eckermann* (1821), to admire Molière's consummate theatrical sense. Cf. also the verdict on this scene of A. Adam: 'Une scène comme celle de la petite Louison est unique dans tout notre théâtre classique. Elle prouve que Molière avait observé l'enfance avec la même pénétration, mais aussi avec la même sympathie généreuse que les autres âges de l'homme. Que l'on compare à cette adorable scène celle de l'affreux Éliacin dans *Athalie*, et l'on comprendra ce que signifie l'humanité de Molière' (op. cit., p. 397).

Acte II, Scène IX

1. *des Égyptiens vêtus en Mores:* the action of the play takes place during the Carnival festivities, as Béralde observes at the very end of

Acte III

Act III, sc. XIV. Béralde has met a band of gypsies, dressed in North-African costume, and who roamed the country, often making their living by fortune-telling. Similar *Égyptiens* had sung and danced in the interludes of *Le Mariage forcé*, *La Pastorale comique*, *Le Sicilien* and *Monsieur de Pourceaugnac*.

2. *où:* see Acte I, scène V, n. 1.

Acte III, Scène I

1. The 1682 edition has here the following note: 'Cet acte entier n'est point, dans les éditions précédentes, de la prose de M. Molière; le voici, rétabli sur l'original de l'auteur.'

2. *je vais revenir:* another hurried exit of Argan to his *chaise d'affaires*, as in Act I, sc. III.

Acte III, Scène II

1. *à notre poste:* 'Se dit figurément des choses qui sont disposées à notre fantaisie, qui sont à notre gré' (F.).

Acte III, Scène III

1. *ne vous point:* = *ne point vous*.

2. *d'abord:* see Acte II, scène V, n. 17.

3. *la voulez-vous:* = *voulez-vous la*.

4. *vous serez:* the verb is put in the indicative mood (as opposed to the subjunctive, used in the following *vouliez*) in order to stress the future tense.

5. *crevé:* in the seventeenth century, it was not considered improper to use *crever* as a synonym of *mourir*, applied to humans.

6. *mômerie:* 'Mascarade, bouffonnerie . . . Se dit aussi figurément, de l'hypocrisie des grimaces' (F.).

7. *les ressorts de notre machine:* 'On dit figurément que "L'homme est une machine admirable" ' (A.).

Much of Béralde's argument here is closely paralleled in Montaigne's *Essais*, notably I, 24; II, 37; and III, 13.

8. *il ferait à lui-même:* the description of M. Purgon fits closely what Guy Patin had written about his fellow-doctor, Guénault: 'Il n'a presque plus personne ici de sa famille: il en a tué la plupart avec son antimoine, neveu, femme, fille et deux gendres' (Letter of 9 April 1655).

9. *dent de lait:* 'On dit: *avoir une dent de lait contre quelqu'un*, pour dire: avoir quelque ressentiment contre lui' (F.).

Acte III

10. *leurs remèdes:* Montaigne likewise decries 'tant de formes de guérir qui nous apportent la mort souvent pour ne pouvoir soutenir leur violence et importunité' (III, 13).

11. *le ridicule de la médecine:* Cf. Montaigne's reference to doctors in II, 37: 'Ce n'est pas à eux que j'en veux, c'est à leur art.' But in the context of Molière's play, the distinction made by Béralde sounds rather disingenuous.

12. *c'est bien à lui à faire de:* = *c'est bien à faire à lui.*

13. *que:* see Acte II, scène VI, n. 6.

14. *non de diable!:* Argan starts to utter the oath: 'Par la mort de Dieu', but retracts and substitutes a more harmless version.

Acte III, Scène V

1. *soustrait de:* = *soustrait à.*

2. *féculence:* 'Se dit seulement du sang et des humeurs . . . qui n'ont pas la pureté qu'ils doivent avoir' (F.).

3. *bradypepsie:* this term, like *dyspepsie* and *apepsie*, refers to a disorder of the digestive system.

4. *lienterie:* 'Espèce de dévoiement dans lequel on rend les aliments tels qu'on les a pris' (A.).

5. *privation de la vie:* the phrase is preferred to the simple word: *mort*, both because it is longer, and because it enables Purgon once again to employ a form ending in *-ie.*

Acte III, Scène VI

1. *filet:* the 1675 edition uses here the more normal modern word: *fil.*

2. *à vous défaire:* = *de nature à vous défaire.*

Acte III, Scène VIII

1. *en médecin:* Toinette pretends to be one of the itinerant doctors such as Guy Patin refers to in a letter of 21 April 1655: 'Il arrive ici mille malheurs par la trop grande crédulité des malades, qui s'adressent à des garçons chirurgiens, apothicaires, charlatans, opérateurs et autres animaux ignorants et affamés du gain' (P. Pic, op. cit., p. 27). The same comic device is used with great success in Molière's provincial farce *Le Médecin volant*, where Sganarelle plays two parts simultaneously, like Toinette.

Acte III, Scène IX

1. *ce n'est qu'un:* Argan is already so bewildered by the rapidity of

Toinette's movements that he thinks he has seen both her and the 'doctor'
together.

Acte III, Scène X

1. *mauvais:* here the expression *trouver mauvais* is sufficiently far
removed from its feminine complement (*curiosité*) to be treated as an
indivisible form, not subject to agreement.

2. *exercer:* 'Mettre à l'épreuve' (A.).

3. *défluxions:* this could be a misprint for: *de fluxions,* which is the
reading adopted by the 1734 editors. But the word *défluxion* existed and is
defined as follows: 'Fluxion sur quelque partie du corps' (A.).

4. *fiévrottes:* 'Petites fièvres' (A.).

5. *le poumon:* here begin two characteristic series of verbal repetitions,
so often used by Molière for comic effect. These examples are singled out
by R. Garapon for comment in his book: *La Fantaisie verbale et le comique
dans le théâtre français,* 1957, pp. 221–76.

6. *un de ma main:* 'a doctor I have trained'.

7. *aviser:* 'Faire réflexion, délibérer' (F.).

8. *pour le guérir:* the 1675 edition adds the words: 'et s'en servir
dans une semblable occasion'. This is a further example of the inferiority
of the 1675 edition, where the addition spoils the joke and ruins Molière's
satirical point.

Acte III, Scène XI

1. *me voulait tâter:* = *voulait me tâter.*

Acte III, Scène XII

1. *qu'il fallût:* archaic use of the subjunctive after *penser,* used affirma-
tively.

2. *mouchant:* = *se mouchant.*

3. *amitié:* 'Affection' (F.).

4. *avis au lecteur:* 'Se dit d'un malheur arrivé à quelqu'un et qui doit
lui faire prendre garde à en éviter quelqu'autre qui le menace' (A.).

Acte III, Scène XIV

1. *du monde:* i.e. 'I shall become a nun'.

2. *ressentiment:* 'Se dit figurément des sentiments de l'âme, quand elle
est émue de certaines passions . . . Il signifie aussi, quelquefois, *reconnais-
sance*' (F.). Here the word might mean either 'grief' or 'affectionate
gratitude'.

Acte III

3. *à:* = *par.*

4. *même:* the 1682 text here reads: *mêmes*, which was the spelling preferred by Vaugelas even for the adverb when following a singular noun.

5. *barbe:* doctors normally wore a long beard to give their appearance
an added gravity. The 1682 engraving suggests that, for his rôle as
Argan, Molière wore the same *moustaches tombantes* and *mouche*, which
characterized his appearance in virtually all his previous comic protagonists.
The major exception is Alceste, in *Le Misanthrope*, where the tone of
haute comédie is so much more pronounced.

Troisième Intermède

1. The realism of Molière's mock ceremony, combining details from
both the *licence* and doctorate ceremonies, has been demonstrated by
Maurice Raynaud, op. cit., p. 52 sq. It opens with the speech of the
President (*Praeses*), which is exactly like the customary speech of the
Vespérie—part of the proceedings when a *licencié* received his doctorate—
in which the President began by evoking the importance and dignity of the
medical profession, and then outlined the future responsibilities of the
young doctor. After this, the candidate must be tested by the assembled
Faculty to ensure that he is *dignam materiam medici*. After physiological
and pathological questions have been posed and answered, the candidate
is required to diagnose an illness, on the basis of certain symptoms, and
prescribe for it.

Finally, the candidate must take the oaths of obedience to the Faculty;
this was usually a separate ceremony, but Molière has nevertheless followed
the authentic formulae very closely. First came the oath to obey the
medical statutes: 'Quod observatis jura, statuta, leges et laudabiles con-
suetudines hujus ordinis.' The second oath was normally a religious one,
being a promise to attend regularly a mass for all deceased doctors.
Molière naturally judged this to be out of place in a comedy and sub-
stituted for it a mock oath to obey the senior doctors of the Faculty. The
third oath is again authentic in Molière's text: the candidate vows to fight
all medical charlatans and illicit remedies: 'Quod totis viribus contendes
adversus medicos illicite practicantes, nulli parcendo, cujuscunque ordinis
aut conditionis fuerit.'

Following this came the moment when the President placed the doctoral
bonnet upon the candidate's head, thereby authorizing him to practise:
'Do tibi licentiam legendi, interpretandi et faciendi medicinam, hic et
ubique terrarum.' In Molière's text, the major departure from the authentic

formula is the reference to *seignandi*, *perçandi*, *taillandi* and *coupandi*, all of which were expressly forbidden to the real doctor as being the province of the surgeon.

Molière's ceremony ends, as in reality, with the speech of thanks by the newly initiated doctor. Here again, there is little exaggeration in the fulsome images of flattery, whereby the Faculty is compared to the rays of the sun, the stars of the sky and the roses of Spring. Records of actual ceremonies confirm that equally lyrical metaphors and hyperboles were used.

The English philosopher John Locke records, in his *Journal*, on 18 March 1676, similar details of a medical ceremony at Montpellier.

Molière here imitates popular Italian comedy by using what is known as macaronic Latin—vernacular words in a Latin context, with Latin terminations and constructions.

Then book Air/Hotel
£527=52
5/12/89

Then book
Helsinki · Air Ticket
£307
2/2/90.

Then book
Hotel Finland
£372.20
28/2/90